咒術迴戰

大山
KUMAO

前言

　　某天，一個名叫虎杖悠仁的高中少年為了解救朋友，把特級咒物「兩面宿儺的手指」吞下肚，因而和「咒術之王」兩面宿儺共享了身體。憎恨、嫉妒、悲哀、絕望、苦惱、後悔、恥辱等人類的「負面感情」會產生「詛咒」，虎杖與為了與東京都立咒術高等專門學校的夥伴們一起袚除詛咒，以咒術師的身分展開了戰鬥——這就是《咒術迴戰》這部漫畫的故事。

　　《咒術迴戰》從二〇一八年三月開始在《週刊少年JUMP》上連載，至今一路順遂，累計發行量已突破五千五百萬本（單行本17卷發售時的資訊）。在二〇二〇年十月到二〇二一年三月之間播放的動畫不只有日本觀眾收看，更受到全世界的關注。接著在二〇二一年十二月水到

渠成，《劇場版咒術迴戰0》於電影院上映。

《咒術迴戰》和曾造成空前轟動的動畫《鬼滅之刃》有不少共通點。除了激烈的動作戲之外，還能看見角色之間的友情、努力和成長。故事中籠罩著「死亡」的陰霾，但這些角色依然浴血奮戰，不斷跨越危機，打倒強敵。

其實，《咒術迴戰》的世界比《鬼滅之刃》還要不可理喻且嚴峻。我就不加修飾直說了，這是一部「晦暗的作品」。

咒術師是個與死相伴的職業，也有許多人隨著故事進展陸續殞命。而且就算再怎麼努力祓除，詛咒也不會有根絕的一天，可以說咒術師並沒有明確的「勝利」目標。沒有「正義的一方獲勝，邪惡的一方被消滅」這種公式化的故事發展，也不太能得到爽快感。他們心中所謂的「正確」一直受到動搖，「溫柔」也不斷被踐踏。

但是，我們可以從這些角色的身影中，看到**在任何狀況下皆能貫徹自己信念的「強大」**。這也許就是《咒術迴戰》受到現代讀者歡迎的原因。

我們生活的現實之中也充滿著負面感情，許多人也是在不可理喻且嚴峻的狀況下，為了生活辛苦奮鬥。讀者看到那些就算身處於這樣的世界，依然為了成長而努力、訂立目標、與同伴互相扶持、貫徹自我並使出渾身解數戰鬥的

咒術師，就像看到自己的身影一樣。

　本書將透過以下五個主題，解說《咒術迴戰》中的「名言」所隱含的意義，以及如何將之轉變為自己的力量。

　①咒力（將負面感情轉變為「力量」）
　②束縛（尋找目標和人生意義）
　③同伴（共同成長）
　④反轉（不要輸給現實）
　⑤展開（珍惜自己，全力以赴地生活）

　要是本書能夠成為一個「術式」，幫助各位在這個充滿詛咒的世界活下去，我將感到無上的榮幸。

大山KUMAO

目 錄

第 1 章　咒力　將負面感情
轉變為「力量」

第 **2** 章　束縛　尋找目標和
人生意義

第 3 章 同伴　共同成長

第 4 章 反轉 不要輸給現實

虎杖悠仁

擁有超乎常人的體能，體內寄宿著「詛咒之王」兩面宿儺。東京都立咒術高等專門學校一年級。為了從詛咒中解救更多的人，而立志成為咒術師。

伏黑惠

繼承了咒術名門——禪院家的血統。二級咒術師。東京都立咒術高等專門學校一年級，是虎杖悠仁的同學。由於姊姊受到詛咒昏迷不醒，而立志成為咒術師。

釘崎野薔薇

討厭窮鄉僻壤的故鄉，因為憧憬而上東京。三級咒術師。東京都立咒術高等專門學校一年級，是虎杖悠仁、伏黑惠的同學。

東堂 葵

一級咒術師。京都府立咒術高等專門學校三年級。非常中意喜歡的女性類型和自己相同的虎杖悠仁，並稱他為「摯友」。

乙骨憂太

特級咒術師。東京都立咒術高等專門學校二年級。是菅原道真的子孫，五條悟的遠親。被車禍去世的青梅竹馬附身。

禪院真希

出生於咒術名門——禪院家，卻沒有咒力。四級咒術師。東京都立咒術高等專門學校二年級。禪院真依是她的雙胞胎妹妹。

學生

兩面宿儺

以虎杖悠仁的肉體為容器，顯現於現世的「詛咒之王」。原本也是人類，是一名於咒術全盛時期，實際存在的咒詛師。

夏油傑

特級咒詛師。五條悟高專時期的同學。與特級咒靈聯手，意圖打造只有咒術師的世界。

真人

從人對人的恐懼和怨恨中產生的特級咒靈。能夠直接觸摸到靈魂，並任意改變對方的靈魂形狀。

教師

五條悟

咒術界御三家——五條家的後裔。特級咒術師。於東京都立咒術高等專門學校擔任教師。立志培育咒術師，推動咒術界改革。

七海建人

虎杖悠仁的導師——五條悟的學弟，同時也是一級咒術師。曾於一般企業就職，因為領悟到咒術師這份工作的意義而重返咒術界。

將負面感情轉變為
「力量」

01

詛咒是從人的心中產生的。

（五條悟／第4話「鐵骨少女」）

這句話送給覺得活在這個世界很痛苦的你

《咒術迴戰》裡的「**詛咒**」就是人類的「**負面感情**」。憎恨、殺意、不安、恐懼、辛酸、後悔、怨恨、忌妒、恥辱、悲哀、苦惱、絕望……這些從人的心中洩漏出來的詛咒不斷累積，最終就會成為外型恐怖的咒靈，並襲擊人類。而以主角虎杖悠仁為始的咒術師，會去祓除這些咒靈。這就是《咒術迴戰》的世界背景。

在東京都立咒術高等專門學校（以下簡稱「咒術高專」）帶領一年級學生的特級咒術師五條悟，在觀看剛步上咒術師道路的虎杖悠仁和釘崎野薔薇戰鬥時，向他們的同學伏黑惠說了這句話。五條悟解釋，人的數量愈多，詛咒就會隨之增加且更加強大。

在《咒術迴戰》的世界裡，咒靈會攻擊人類，但在現實世界中，負面感情也會傷害人，它早就不僅是潛伏於日常，我們周遭現在滿溢著負面感情。詛咒絕對不是只存在於虛構作品裡而已。

以學校為例，學生之間相處時會產生**不安**與**煩惱**，被霸凌者心中會產生**憎恨**或**自卑、孤獨感**。而在職場中，會有上司對部下的**憤怒**，部下對上司的**不滿**，對同事的**忌妒**。這些就是負面感情。

貧窮、疾病、失業、離婚等各式各樣的因素，皆會導致負面感情出現在社會各處。接著，這些負面感情便會轉變為霸凌、不講理的騷擾（找麻煩）、虐待、誹謗重傷等各種形式去傷害人。就如同五條所說：「詛咒是從人的心中產生的。」而這些詛咒造就了讓人活得很痛苦的世界。

　　人類的負面感情是難以消除的。非常遺憾的是，在這個貧富差距擴大、紛爭不絕、疾病感染擴散的世界上，負面感情只會增加，不會減少。我們都被迫在這樣，詛咒重重包圍的情況下掙扎求生。

　　那麼，沒有能力祓除詛咒的我們，難道就只能活在每天害怕，遭詛咒迫害的陰影下嗎？

　　當然沒這回事。詛咒雖然可怕，但並不是來路不明，不知道到底是什麼的事物。

　　想要避開周遭虎視眈眈的詛咒，首先要理解**這些會傷害人的詛咒，是從人的心中產生的。**

　　要在這個學校、職場、社群平台等充滿詛咒的每個角落求生存，必須事先了解這個機制。

　　只要了解這個機制，就能藉由避開身邊總是在散發負面感情的人，或是遠離社群平台等方法躲開詛咒。不過，也不能盲目地害怕自己所處的世界而無作為。

02

只有詛咒才能袚除**詛咒**。

（伏黑惠／第1話「兩面宿儺」）

這句話送給討厭自己變得悲觀的你

咒術高專的一年級生伏黑惠為了找回特級咒物 —— 兩面宿儺的手指，而找上了虎杖悠仁。靈異現象研究會的佐佐木與井口因為撕開了貼在兩面宿儺手指上的符咒，遭到咒靈攻擊，於是伏黑和虎杖一同趕往學校營救他們。

虎杖運用超乎常人的體能與咒靈戰鬥，但還是無法擊敗咒靈。這時伏黑就對虎杖說了這句話。

要祓除咒靈，就必須使用一種稱作咒術的戰術，而要運用咒術，就必須要有**咒力（從人類的負面感情中產生的負面能量）**。除了某些特殊例子以外，就像虎杖一樣，體能再怎麼強，單靠物理攻擊還是沒辦法祓除咒靈的。從這句話中，就可以清楚了解到咒靈只能靠咒術師的咒術祓除，而這就是《咒術迴戰》世界的規則。

我們現在活在一個充滿詛咒的世界。社會上到處散發著憤怒、悲哀、不安、不滿、忌妒、恐懼、絕望等人心中產生的負面感情，並以惡意或暴力等形式加害於人。

當詛咒突然朝自己襲來，自然不可能毫髮無傷。若只打算忍耐撐過去，最終只會讓自己筋疲力盡。

舉例來說，在學校遭遇霸凌時，即使不作抵抗地咬牙撐過去，懷有惡意的霸凌也有可能變得更加嚴重。若是每次在職場遭到騷擾時都選擇換工作，也會沒完沒了。遭受父母或伴侶的家庭暴力，光是不斷忍耐無法解決問題，痛苦的日子可能只會一直持續下去。要是在社群平台上持續遭受誹謗中傷，不僅精神會受影響，或許還會傷及你在社會上的信用。

那麼，我們到底該如何在這充滿詛咒的世界中生存呢？

要保護自己，避免受到滿溢於世上的負面感情傷害，有時候我們需要**拿出「勇氣」與「堅強」來面對它們。**

我不是要大家用惡意和暴力以牙還牙，那樣會使自己也被詛咒吞噬，而是要用正當的手段去面對詛咒。

面對詛咒需要巨大的能量。此時能驅使我們行動的便是**從負面感情中產生的能量。**

憤怒或悲傷的負面感情會孕育出巨大的能量。不好的遭遇所導致的憤怒，比快樂的情緒更容易留在記憶中，應該有不少人都是如此吧！比起做快樂的事、正確的或對自己有好處的事所產生的正面能量，在負面狀態下產生的能量

會更巨大。

重點是，要將產生自負面感情的能量，轉變成**能夠解決問題的有用能量**。

舉例來說，面對學校霸凌或在職場騷擾時，若是找人商量還是無法解決，就必須去尋求相關機構的協助。將對加害者的憤怒或恐懼化為原動力，冷靜、積極地處理問題。

充滿詛咒的世界確實很可怕，但是我們不能只是一味地害怕。每個人都擁有保護自己和重要的人，並使之遠離詛咒的能力。掌握這份力量的使用方法，便是讓自己成長的關鍵。

03

祓除詛咒！
祓除祓除，不停祓除！
這麼一來，
你自然而然就會有**自信**，
也會有人到你身邊的！

（禪院真希／《咒術迴戰　東京都立咒術高等專門學校》
※第1話「詛咒之子」）

這句話送給感到自卑或擁有創傷的你

※ 譯註：《咒術迴戰》系列的前傳

進入咒術高專就讀的乙骨憂太，被特級過咒怨靈（擁有強大力量的怨靈）祈本里香附身。霸凌乙骨的同學被里香詛咒身受重傷這件事，讓乙骨心靈受到創傷，於是他打算一個人迎接死亡，最後被五條悟說服，決定學習如何使用詛咒。

在第一次咒術實習中，他與搭檔禪院真希一起潛入陸續有兒童失蹤的小學。兩人被巨大的咒靈吞入腹中，對詛咒沒有抗性的真希陷入無法戰鬥的狀態，場面非常危急。

現場能夠自由活動的人只剩乙骨。然而，乙骨卻因為膽怯，一直無法採取行動。這就是當時真希對乙骨說的話。

面對生命受到威脅卻什麼也不做的乙骨，真希質問他：「你想做什麼！你想要什麼！你想實現什麼！」而乙骨吐露了自己的真心話：「我想要跟其他人產生連結，希望會有人得到我的幫助……我想要能夠……活下去的自信。」於是真希對他大喊：「祓除詛咒！祓除祓除，不停祓除！」也就是告訴他要「主動採取行動」。聽了真希的話之後，乙骨終於看清自己的消極態度和真正想做的事，於是借助里香的力量，成功祓除了咒靈。

相信也有人和乙骨一樣，因為過去的創傷和自卑情結而不敢採取任何行動。明明想要這樣，明明想做那些事，但卻無法向前邁進。

最重要的是，**要接納自己的弱點，把弱點變成強項。**

當別人直接指出自己的弱點或給予建議時，總是不自覺地反駁或裝作聽不見，都是因為不願意正視自己的弱點。

但是乙骨接受了五條和真希對他說的話，運用本為創傷源頭的里香之力突破了困境。我認為他的**「真誠」**非常值得大家學習。

了解自己的弱點之後，就要去努力克服它。發現自己能力不足的地方，就要去想辦法補足。

舉例來說，如果對自己的外表感到自卑，那就透過學習美容和時尚來補足，或是在不會受外表影響的領域發展。

要克服心理創傷和自卑情結，只能**主動採取行動。**

心理學家阿爾弗雷德・阿德勒曾斷言，「決定現在人生的並非『命運』或『過去』的創傷，而是**自己的『想法』。**」就算是擁有相同經歷的人，每個人的發展也不盡相同。無法採取行動的人，是把創傷或自卑當成逃避人生

問題的「工具」。阿德勒說，「雖然我們的心容易受到痛苦過往的影響，但重要的是『**未來**』這個「**目的**」。」

乙骨雖然是個充滿創傷與自卑的少年，但是他擁有「想要跟其他人產生連結」、「想要能夠活下去的自信」這些「未來」和「目的」。他應該是弄清楚這一點後，才終於能夠踏出第一步。就算「過去」很痛苦，但只要弄清楚自己期望的「未來」或「目的」，就能夠開始採取行動。

過去的負面經驗，會成為成長的跳板。每一個人都擁有改變自己的能力。

04

憎惡、恐怖、後悔……
就把那些感情全部都
聚集到拳頭上！

（虎杖悠仁／第7話「咒胎戴天─貳─」）

這句話送給突破了巨大阻礙的你

　　虎杖悠仁和咒術高專的伏黑惠、釘崎野薔薇，一起被派遣到出現特級假想怨靈的咒胎（成為咒靈的前一個階段，類似「卵」）的少年感化院。此時有五名院生還留在院內，他們的任務即是救出院生，然而進入現場後釘崎卻失去蹤影，還有一個特級咒靈出現在虎杖和伏黑面前。虎杖要伏黑先逃走去尋找釘崎，自己則留下來與特級咒靈戰鬥，沒想到發動的攻擊完全起不了作用。

　　虎杖雖然是一個總想著要「幫助別人」，個性樂觀又善良的人，此時也被負面感情淹沒了。對殘殺人類的特級咒靈感到憎惡、對眼前的死亡威脅感到恐懼、對成為咒術師一事感到後悔，還有，對弱小的自己感到絕望……

　　就在這時，虎杖靈機一動，把心中鋪天蓋地的負面感情轉變成力量。他使出渾身解數朝特級咒靈揮出一拳時，便說了這句話。

　　就像虎杖遭遇特級咒靈這道巨大的阻礙一樣，每個人都會有碰到巨大阻礙的時候。

　　努力讀書還是沒能達到志願學校的成績水準；揮灑血汗練習某項運動，卻沒能達到理想的成果；參加就職考試卻全都落榜；負責的工作進行地不順利等等。

遭遇巨大阻礙的時候，抱持著「堅持不懈努力下去！」「積極地繼續努力！」這種正面態度持續挑戰當然也很好，但能做到的人應該很少。

就算懷著正面的態度不斷挑戰，要是一再遭受挫折，心靈想必也會疲憊不堪。最終被負面感情所籠罩，開始覺得「自己果然很沒用」，或是像虎杖一樣懷疑「為什麼自己要選擇這條路」，對自己的選擇感到後悔。自我否定會伴隨著「反正我做什麼都沒用」的無力感，要是被它困住，便會無法踏出下一步。

從負面感情中產生的能量，在這時候就顯得相當重要。

虎杖在全力揮拳的前一刻，想起了「詛咒是從人類的負面感情中誕生的」這句話，並從中了解到自己的負面感情可以轉換成能量。

在巨大的阻礙面前不斷碰壁的悔恨、丟臉、憤怒、失望等負面感情，可以轉變成讓你東山再起的力量。

可以像虎杖一樣豁出去，拼命地讀書，也可以埋頭苦練運動，或再多應徵幾份工作。重點是要**豁出一切**。

即便如此，也不能把氣出在無關的第三者身上，或是給他人造成麻煩。累積在體內的負面感情，**要轉換成幫自己突破障礙的能量釋放出來**。

虎杖的那一拳雖然沒有對特級咒靈造成傷害，但最後換成兩面宿儺掌管他的身體，打倒了特級咒靈。豁出一切地掙扎，有時會找到意想不到，突破障礙的方法。

最重要的是，不要原地放棄。當心靈感到疲憊時，休息雖然也很重要，不過想要跨越障礙的話，就試著大喊「不要！不要！」放出自己所有的能量吧！

05

大家都接受過訓練，
能夠從些微的**感情火種**
中提取出咒力。
反過來說，在感情激烈波動時，
也要想辦法不要**浪費**咒力。

（五條悟／第12話「邁進」）

這句話送給想擺脫憤怒與煩躁的你

虎杖悠仁在導師五條悟的一對一指導下，接受控制咒力的訓練。

五條要虎杖進行的是，無論心驚膽戰、感動到哭，還是情節不如預期而感到煩躁的時候，都要持續輸出固定咒力的「電影欣賞」訓練。五條在解釋咒術師如何操控咒力的時候，就說了這句話。

咒術師會把自己的負面感情產生的咒力灌注進「術式」（與生俱來就刻在身體上，灌注咒力後發動的術），使用術式與咒靈戰鬥。不過，當然不可能一直處於激怒狀態，或沉浸在悲傷之中。咒術師在戰鬥時，需要隨時控制自己的感情。

負面感情雖然有著巨大的能量，但同時也很危險。

在我們的日常生活中，有時會因為某些契機，爆發出難以抑制的負面感情，而採取意想不到的負面行動。要是破口大罵，或是在社群平台上發表誹謗中傷的言論，不僅會帶給人際關係不好的影響，也可能會使自己的人格評價下降。要是做了暴力或破壞物品等犯罪行為，可能會害自己失去工作、家人、財產，以及社會地位等寶貴的事物。

但是，負面感情是無法消除的。因不爽的事而氣憤、因悲傷的事而難過、因遭遇挫折而沮喪，這些都是人非常自然的感情。重點在於，不是要排除它們，而是**不要讓負面感情失去控制**。

「憤怒管理」（anger management）是一個為大眾所熟知，控制情緒管理方法。這個方法包含控制強烈的悲傷或自卑感等情結、找出憤怒的原因，也常被用來思考對策。

怒火中燒時，只要撐過憤怒頂點的六秒，就能夠控制情緒的「六秒法則」，也是憤怒管理的其中一個技巧。

恢復冷靜之後，就要來改變思考方式。

舉例來說，當你聽到朋友說你壞話而感到生氣時，不要去想「為什麼我要被他說成那樣」，而是冷靜想想自己為什麼會得到這種評論，如果發現能改善的地方就去改善。

當有人打破約定時，不要去想「為什麼他不遵守約定」，而是想想自己是不是做了讓對方為難的約定，然後下次多加注意。

要是能夠這樣思考，憤怒就能變成讓自己成長的養分。

當然不是所有的負面感情都能帶給我們成長。這種時候就在心裡默念「沒事，沒事」，讓自己冷靜下來，或是給自己一點時間恢復冷靜。

強烈的怒火或煩躁感蘊含著巨大的能量，但是胡亂發火只會浪費能量，除了造成他人困擾以外，一點用處也沒有。就像咒術師控制咒力一樣，我們也要學著控制負面感情的輸出，跨越困難，持續成長。

06

要是被瞧不起的我
能成為**了不起的術師**，
家裡那些人不知道會是
什麼表情呢！

（禪院真希／第18話「底層階級」）

這句話送給想讓人刮目相看的你

禪院真希就讀咒術高專二年級，是大虎杖悠仁一屆的學姊，雖然嘴巴壞了點，但其實非常關心同伴且很會照顧人。她出生於人稱御三家的菁英咒術師名門 —— 禪院家，但是卻先天缺乏作為一名咒術師最低限度的素質，也就是咒力。

秉持「非咒術師者非人也」思想的禪院家非常鄙視她，對她說「要是沒生下妳就好了」、「妳是禪院家之恥」，連雙胞胎妹妹也看不起她，直呼她是「多餘的」、「沒用的東西」。在家被當成傭人使喚，受不了差別待遇的真希，在中學畢業後離家，進入咒術高專就讀。她利用「天與咒縛」賦予超凡的身體能力，不斷精進自我，進步到被稱為「最會使用咒具的學生」。釘崎野薔薇在得知真希沒有咒力這項驚人事實的時候，問道：「那妳為什麼會來當咒術師……」真希便回了左頁這段話。

真希的夢想是「成為禪院家的當家」。她離家出走不是為了逃避，而是為了讓那些看不起她的人對她刮目相看，很有反骨精神。這份堅強的意志正是真希最大的魅力，以釘崎為首的許多人，都是被這樣的她所吸引吧！

乙骨憂太曾問她：「妳為什麼要繼續當咒術師？」而她如此答道：

「我想要以一級術師的身分回去，看看家裡那些人哭喪著臉的表情。」

想讓不把自己放在眼裡、輕蔑自己的人刮目相看的心情，會成為巨大的能量。也許你遇到的情況沒有到像遭到輕蔑和言語霸凌的真希那麼嚴重，不過在讀書、工作、運動、外貌方面感到不如人，或是被周遭的人貼上「低人一等」標籤的時候，用什麼態度去面對，將會大大影響你的人生。

一但接受了「自己低人一等」這個想法而不去改變現狀，你從此就不會再成長。其他人對你的評價大概也不會改變。但是，**只要懷著「絕對要讓人刮目相看」的決心，咬緊牙關不斷努力，拿出成果後，其他人就會對你刮目相看。或者，這個結果會讓你擁有自信，成為你開拓人生的力量。**

如果真希當時接受了旁人貼上的「多餘的」標籤，也許她就會安於現狀，一輩子做個打雜的。但是反骨的她離開了家，因而得到貫徹自我、活出自己人生的堅強意志。

如果你的弱點是再怎麼努力也無法彌補的，那麼還有一個方法，就是**找出自己強項並以此開拓活路**。雖然背負著沒有咒力這個致命的弱點，但真希還是活用自己擅長的體術，當上了咒術師。

運動神經不好沒關係，如果你很會讀書，那就去把書讀得更好；沒有創意的才能沒關係，強調自己一步一腳印踏實做事的才能即可。比起堅持不適合自己的事物，覺得自己不如人，找出擅長的領域更加重要。

反骨精神和不服輸的心情，會使人大幅成長。不要為了得不到他人認可而煩惱，大家不妨去學習真希那勇往直前，直到他人不得不認可自己的堅強意志。

07

___

如果有個按鈕，
按下去能讓我討厭的人死掉，
我應該不會按。
不過，
如果是讓「討厭我的人」死掉，
我會毫不猶豫地按下去。

（吉野順平／第19話「幼魚與逆罰」）

這句話送給滿腦子想著討厭的人的你

吉野順平最後被負面感情吞沒，迎來了悲慘的結局。吉野本來是個喜歡B級恐怖電影的普通高中生，卻因為某件事情被不良少年盯上，開始了遭受校園暴力的日子。而左頁是吉野在電影院遇到不良少年時心裡所想的話。

就在這時，他與特級咒靈真人相遇了。真人自稱是「從人對人的憎恨和恐懼之中誕生的詛咒」，他殺害了對吉野施暴的三名同學，對人類之醜惡懷有咒意的吉野給予肯定，並賜給他能夠使用咒力的術式。吉野與虎杖悠仁相遇後，雖然打開了心房，但最後還是因為最愛的母親慘遭殺害而失控。

當我們感覺到別人對自己做了過分的事，被人傷害，或是蒙受損失的時候，很容易會對對方感到憤怒和怨恨。當這份怨氣進一步加深，有時候就會想給對方一點顏色瞧瞧，報復對方。

怨恨和報復心會產生巨大的能量。但是當這股情緒不斷加深，就會因為一心只想著要對方好看而魯莽行動。而且在這種情況下，**有可能會失去理智和常識，最終招致自我毀滅。**

吉野也是如此。由於霸凌導致怨恨和報復心加深，與真人相遇後獲得了咒力，便開始聽不進虎杖的勸導。最後自己也慘遭真人毒手變成異形，悽慘地死去。將他和母親推向死亡的，正是吉野自己心中膨脹到極致的負面感情。真人就是看準這一點趁虛而入，利用了他。

當別人對自己做了過分的事，我們當然不能無條件放任。話說回來，遇到霸凌之類的暴力行為，本來就必須向相關機構報告並解決問題。這麼一來，施暴者應該就會受到法律制裁。

千萬別像吉野一樣，**將產生自怨恨和報復心等負面感情的巨大能量，用來報復對自己做了過分事情的人**。

一直執著於對方，整天想著「要怎麼給他好看」、「要怎麼報復他」，其實是在浪費時間和精力。

在社群平台上遭受他人惡劣的言語攻擊時，你也許會想要讓對方感受同樣的痛苦，而試圖用惡劣的言語反擊，但這樣就表示你被負面感情吞沒了。

在你對特定的某人感到怨恨，覺得某人不可原諒的同時，就等同於是被對方困住了。也就是說，你已經受到對方的支配。

重點是，不要和對方站在同一條水平線。雖然很難完全捨棄怨恨和報復心，但也不能就此被這些感情困住。不如利用從中產生的「走著瞧」這股負面感情幫助自己。

無論是為了成長而努力，還是專注發展自己的興趣都好。盡情享受跟家人和朋友同樂的時光也很不錯。總有一天，你會忘了那個討厭的人。

國外有一句諺語說道：「過得幸福就是最好的復仇。」要是將怨恨和報復所產生的巨大能量，用在自己的工作、讀書或興趣上，過上幸福的日子，總有一天就會忘掉對那個人的怨恨和報復心吧！

08

掉在枕頭旁的頭髮越來越多，
喜歡的鹹麵包從超商消失了，
就是這種小小的**絕望**累積起來，
才會讓自己成為**大人**。

（七海建人／第19話「幼魚與逆罰」）

這句話送給無法接受現在自己的你

七海建人是一名沉著冷靜的一級咒術師,梳著七三分髮型,身穿西裝。他被派去處理吉野順平的案件,並教導了同行的學生‧虎杖悠仁許多事情。不過,七海尚未認可虎杖是一名獨當一面的咒術師,經常在強調「大人與小孩」的差別。

當虎杖磨拳擦掌地準備與咒靈作戰時,七海對他說:「我是大人,你是小孩。我在保護自己之前,有義務優先保護你。」不想被當成小孩子看待的虎杖反駁他,他便回道:「你經歷了很多次生死關頭,但這並不代表你成為了大人。」接下來七海就是用左頁這段話,說明了「成為大人是怎麼一回事」。

如同七海所說,**「小小的絕望」** 累積起來,才會讓自己成為大人。七海雖然用了很奇特的方式向虎杖說明,但他非常清楚現實的嚴峻。

就算努力也得不到認同的絕望、看到自己能力極限的絕望、小時候懷抱的夢想或理想,遭到現實高牆阻攔的絕望——這些事情累積起來,就會讓自己成為大人。

當自己費盡心力去做事，拿出了好成果卻沒有得到肯定，或者是自己的做法得不到認同時，很容易會對其他人感到不滿。

在職場也是，有時候會覺得自己的工作量和薪水不成比例，或是覺得公司交付的工作不適合自己。也可能會覺得同事和主管等周遭的人跟自己合不來。

七海就是如此。五條悟介紹他時，說他是「從上班族轉職的咒術師」，而他確實曾經在一般企業上過班。雖然曾就讀咒術高專，但過去他認為咒術師這份工作不適合自己，因為咒術師「有時甚至必須強迫夥伴做出為他人犧牲性命的決心」。

但是，在公司上班時他被要求不要為大眾的利益著想，只要為了公司和一小部分人的利益，也就是金錢而工作就好，於是他絕望了。他曾以為這條路才適合自己，但實際做了之後卻發現並非如此。

七海幫附近麵包店的女店員（在不被對方發現的情況下）被除身上的咒靈，得到對方感謝，這件事對他來說才

有意義，而不是貢獻自己的力量，讓有錢人變得更有錢。於是他辭去證券公司的工作，選擇成為咒術師。回首這段過往，七海如此說道：「既然一樣爛的話，就選擇比較適合自己的。」

「小小的絕望」和「放棄」雖然類似，但是七海並沒有因為「小小的絕望」不斷累積，就放棄一切。對社會結構感到絕望，他就為了打造更好的世界而回去當咒術師；敵人再怎麼強大，他也會為了幫助同伴而戰鬥到底，不輕言放棄。

就算了解什麼是絕望，也不輕言放棄。這應該就是七海認為身為大人該有的態度吧！

不接受自己所處的現狀而成天抱怨，才是小孩子的行為。

首先要接受自己的現狀。無論如何都不輕言放棄，懷著信念向前邁進才是最重要的。

09

正因為我不斷遇到挫折，
讓我再次認真面對自己的術式，
才使我的才能**開花結果**，
成為了一級術師。

（冥冥／第98話「澀谷事變⑯」）

這句話送給因為挫折而無法行動的你

　　一級咒術師冥冥與其他的術師不同，是一名從不屬於咒術高專的自由咒術師。性格冷酷不講情面，一切行動皆以金錢為優先的她，在第98話的澀谷事變中，與虎杖悠仁一起為了奪回被封印的五條悟而戰。冥冥的武器是一把跟自己的身高差不多長的大斧。她輕巧地使著看起來很沉重的斧頭，勢如破竹地打倒擋住自己去路的咒詛師。

　　冥冥知道自己的術式很弱，所以拚命地鍛鍊身體能力，就是為了不依靠術式也能戰鬥，不過能提升的還是有限。當她被擊倒時，想出了對烏鴉立下強制自殺的束縛，去衝撞敵人的術式「神風」。經歷重大挫折才終於成為一級咒術師的冥冥，對敵人說了左頁這句話。

　　每個人都會遇到重大的挫折。最具代表性的就是考試落榜、求職不順、事業失敗，還有失戀、離婚、友情破裂等人際關係方面的挫折，以及貧窮等金錢方面的挫折。

　　挫折對每個人來說都是痛苦的。然而，若一味地認定自己「太慘了」、「再也沒辦法振作起來」，那你就只能懷抱著痛苦的心情任時間白白流逝。

若是遭遇挫折，就要把那份挫折當作成長的糧食。只要不再重蹈覆轍，就能成為比過去更堅強的人。為此，我們需要重新審視**失敗的原因，找出自己的弱點並克服它。**

　要克服自己的弱點，最重要的就是**「面對」自我**。舉例來說，明明自己的弱點是持久力，卻一直進行爆發力訓練，也許這樣能讓自己擅長的部分表現更加優異，但這不能算是克服了弱點。

　要是以前曾經有過重大的失敗或挫折，就要去分析並了解自己為何會失敗，為何會遭遇挫折。了解了自己的弱點後，就接著思考如何才能避免犯同樣的錯誤，擬定對策並付諸實踐。這樣才稱得上是踏出克服弱點的第一步。

　面對挫折這件事是非常艱辛的。沒有人會想要看到自己的脆弱面。大部分的人應該都覺得如果可以的話，最好能忘掉那些挫折經驗。這是一種心理防禦機制。

　然而，冥冥正面迎戰自己的不足之處，鍛鍊身體能力，鑽研術式，終於坐上了一級咒術師的寶座。她還在咒術高

專的時候，五條曾對她說：「冥小姐不會哭的吧？妳那麼強。」這句話同時表現出了她戰鬥時的強悍以及精神層面的強韌。

當你遇到可能會造成挫折的事情，請咬牙堅持住，重新觀察挫折的感覺和自己的弱點。

失敗的原因是什麼？自己對什麼不擅長？要如何克服？可以寫在筆記上，也可以詢問身邊其他人的意見。一旦了解並克服了弱點，原本的弱點就會成為你的長處。

當你克服了弱點，就會獲得只能從挫折經驗當中學習到的強韌。

第 2 章

束縛

尋找目標和 人生意義

10

細節不重要啦，
總之我就是想**幫助**別人。

（虎杖悠仁／第3話「為了自己」）

這句話送給迷失前進方向的你

　　虎杖悠仁吞下特級咒物（寄宿著咒力的物品稱作「咒物」，其中危險性特別高的就稱作特級咒物）「宿儺手指」之後獲得了咒力，踏上了咒術師的道路。說到底，虎杖決定成為咒術師，很大一部分原因是受到了「你很強，去幫助別人吧」，這句祖父的遺言影響。「在你能辦到的範圍內幫助人就好了。能救的人就去救吧。就算會迷惘，就算沒被感謝，總之就是去救吧。你要在許多人的圍繞之下死去。」這就是祖父的願望。

　　後來，虎杖希望進入咒術高專就讀，卻被校長夜蛾正道批評，遵從祖父的遺言，立志成為咒術師這種推卸責任的態度很不可取，並被告知面試不合格。不過當夜蛾問他：「自己以後死在詛咒手裡時，也要像這樣怪罪到祖父頭上嗎？」他回道：「我不想在活著的時候後悔。」最後終於成功通過面試。對於夜蛾的問題，虎杖發自內心給出的答案正是左頁這段話。

　　不知道自己該往哪個方向前進，不知道自己想做什麼，也不知道自己擅長什麼的人應該不少吧！

若是對未來方向感到迷惘，不妨把思考方式從「為了自己」，**改成「幫助別人」、「為了別人努力」**試試看。

　　並不是只有醫師或救護人員這類直接與人命打交道的工作才算是「幫助別人」。只要能夠幫上某人的忙，就算是「幫助別人」了。

　　想要救助別人、幫上別人、為別人做些什麼的心意，會成為開始一件事情的巨大動力，還能提升自我能力，使自己成長。

　　「請教我怎麼成為『最強』吧！」進入咒術高專後，虎杖曾如此拜託五條悟。在少年感化院的那場戰鬥中，虎杖沒能以自己的力量救出夥伴伏黑惠和釘崎野薔薇，於是這件事成了推動他的強大力量。虎杖打從心底希望自己能夠變強，這並不是為了自己，而是為了夥伴。

　　「利己主義」（以自己為優先）的反義語是「利他主義」（為他人著想）。

　　無論是誰，內心都同時存有「我自己好就好」與「想犧

牲自己幫助他人」這兩種感情。應該有不少人都曾有過要為心愛的家人、朋友、夥伴做點什麼或幫助他們的想法吧！感謝、關照、體貼他人，這些也都是基於利他精神的舉動。

總是想著要「**幫助別人**」的人，會得到周遭人的協助和信賴。

更重要的是，幫助別人的時候，自己的幸福度也會提升。即使沒有得到對方的感謝，只要能體會到助人的實感，自己就會感到充實，變得更幸福。

首先可以為了家人、朋友、夥伴、世界上遭遇困難的人等等，想想自己能做些什麼，並努力地付諸行動看看。如此一來，也許會從某人手中獲得意料之外的機會或能力。不斷累積助人的經驗，相信最後終會找到前進的方向。

11

我並不是正義的夥伴（HERO），
而是**咒術師**。

（伏黑惠／第9話「咒胎戴天―肆―」）

這句話送給不知道該如何抉擇的你

伏黑惠就讀咒術高專一年級，卻已經擁有二級咒術師的資格，是個天賦異稟的少年。他身上流著咒術御三家——禪院家的血，熟練地運用禪院家一脈相傳的術式「十種影法術」戰鬥。導師五條悟也認可伏黑的才能，從他小時候就一直關照他。

伏黑個性極其冷淡與正經。他兼備敏銳的觀察力和優秀的記憶力，行動時總是冷靜沉著，不過內心深處卻隱藏著熱情。

成為宿儺容器的虎杖悠仁本該被判處死刑，伏黑明知這一點，卻對五條說：「可是，我不想讓他死。」面對跟兩面宿儺交換回來的虎杖，伏黑表示：「就算這樣做很危險，我也不希望看到像你這樣的善人死去。」並接著說了左頁這句話。

伏黑的想法與想拯救所有人的虎杖不同，他的信念是「只拯救善人，不拯救惡人」。伏黑認為，不論是誰都會去救的人是「正義的夥伴」，而以自己的「感情」為基準選擇救助對象的人，是「咒術師」。

讓伏黑下定決心成為咒術師的關鍵，是沒有血緣關係的姊姊津美紀受到詛咒而昏迷不醒這件事。津美紀即使遭遇不幸，也依然保持著善良，伏黑雖然不能苟同，但也對她敬愛有加。伏黑正是因為想要幫助那些跟姊姊一樣的「善人」，才去當咒術師的。伏黑會想要救虎杖，也是因為感受到他的善良。

　　伏黑表示，這種判斷既是「私情」（個人感情），也是「感情論」（流於情感的論點）」。

　　應該要走哪一條路才好？現在走的路是正確的路嗎？逐漸搞不清楚自己該前進的方向，因而陷入迷惘的人應該不少吧！

　　自己的未來擁有無限的可能性雖然是好事一件，但正因為選哪一條路都可以，更容易陷入不知道該做什麼的迷惘之中。

　　求職的時候，只是籠統地以「進入好公司工作」為目標的人，應該還是搞不清楚，去那間公司工作對自己來說是不是正確的。大概也有不少人在開始上班之後，依然抱持

著同樣迷惘與煩惱。

這種時候,與其去梳理邏輯或用理性的方式思考自己的理想,跟著**「感情」**走也不失為一個好方法。

舉例來說,即使去參訪了人人讚譽有加的企業,有時候也會覺得職場環境和員工之間的氣氛跟自己不太合。

如果這間公司薪水高、未來發展好,還能提升自己的職場身價,如果用理性思考,通常會得出在這裡工作很好的結論。

但是,再以「感情」一併考量看看,結果又是如何呢?你能夠壓抑自己的感情,在這間公司一直工作下去嗎?

這裡所說的「感情」,就是指自己的**「心聲」**與自己的**「價值觀」**。

而伏黑不想當拯救所有人的「正義的夥伴」,決定走上自己選擇要救誰的「咒術師」之路。

我建議總是用頭腦思考下判斷的人,偶爾試著用心傾聽自己的「感情」。如此一來,應該就會逐漸清楚自己想做什麼事與該做什麼事。

12

「謝謝你」，
我從前以為，
我跟「**創造生命價值**」
這個詞是無緣的。

（七海建人／第30話「任性」）

這句話送給失去工作動力的你

一級咒術師七海建人對上了特級咒靈真人。原本在戰鬥中佔上風的七海，被關進了真人術式的最終階段——領域展開「自閉圓頓裹」之中。做好赴死覺悟的七海，回憶起自己成為咒術師的來龍去脈。

就讀咒術高專二年級的時候，七海在一個討伐二級咒靈的任務中失敗，導致同學灰原雄死亡。受到打擊的七海於是離開咒術高專，進入一般企業工作。因為他再也無法承受必須強迫夥伴，接受捨命救人的覺悟這件事。

七海在證券公司工作了四年，那段期間，他無論是睡著還是醒著都只想著錢的事。某天，他思量了一下自己每天光顧的麵包店和自己的工作，發現即使沒有自己，也不會有任何人感到困擾；但沒有麵包店，想吃麵包的人就會感到困擾……七海幫麵包店店員祓除了肩膀上的蠅頭而受到感謝時，心中所想的就是左頁這句話。

人是為了什麼而工作的呢？

首先，能想到的是為了錢。吃飯、住宿、穿著、玩樂、結婚、養小孩……等等生活所需的一切都需要錢，這是眾所周知的事。

不過，暫且不論短期工作，一般來說一天會有將近一半的時間花在工作上，而且還要持續十幾二十年，肯定需要找到賺錢以外的人生意義。

七海即便從事著高薪的工作，依然感到空虛。我想應該也有人跟他一樣感到迷惘，不知道現在的工作是否真的是自己想要的，或是對自己的工作感到空虛。

在工作上，**「能夠幫助到某人」**這個要素跟錢同等重要。七海選擇了被除咒靈、幫助人類的咒術師這個職業，但即使不是直接與人有所關聯的職業，也可以幫助到人。

重點在於，要能意識到工作與他人生活的關聯。

要是覺得眼前的工作是受上司指示而不得不做的，就會馬上失去動力。不過，若把這件事想成是去援助別人、幫忙別人，又會是如何呢？這麼一想，應該就會逐漸產生動力吧！

若是能夠感受到自己的工作能讓某人開心、在某人的生活中派上用場，就會湧現很大的工作動力，也有可能像七海一樣找到「生命價值」。就算沒有直接聽到感謝的話，只要有短短的一瞬間實際感受到對方的感謝，就會獲得極

大的充實感。用賺來的錢支援家人的生活,也可以算是幫
助他人。

七海發現幫助他人、受他人感謝是自己「活著的意
義」,於是下定決心再次踏上咒術師這條路。在與真人戰
鬥的過程中,七海之所以能在遭遇生命危險時,仍信誓旦
旦地說自己「沒有後悔」,是因為來自眾多人們的感謝已
經滿足了七海的心靈。

「幫助別人」這件事可以為工作帶來充實感,最終幫助
我們找到生命的意義。找不到工作意義的你,可以想想自
己的工作對誰有幫助,或是思考自己將要從事的工作能幫
到哪些人,試著用這樣的觀點看事情吧!

13

這兩者都只是你所**思考的可能**性。

要讓哪一邊成為你，

真正的想法，

是你接下來要選擇的哦！

（九十九由基／第77話「玉折─貳─」）

這句話送給逐漸迷失自我的你

就讀咒術高專三年級的夏油傑原本懷抱著「鋤強扶弱」、「咒術是為了保護非術師而存在」的堅定信念，但當他看見非術師（不是咒術師的普通人）的醜陋面之後，開始對於咒術師以身犯險袚除咒靈這件事產生疑問。

有一天，夏油遇到了特級咒術師九十九由基，她因為反對咒術高專的方針，所以不接受任務指派，在國外自由活動。她不去「狩獵咒靈」，而是在研究如何「打造不會有咒靈誕生的世界」。九十九提出了一個假說：「只要全人類都變成術師，詛咒就不會誕生。」夏油聽了之後便脫口說出：「那麼，只要把非術師通通殺光就好了吧？」看不起非術師的自己，與否定這種想法的自己互相衝突，夏油也逐漸搞不清楚哪個才是自己真正的想法了。這時，九十九就對夏油說了左頁這段話。

大多數的人都一直在思考「我應該做……」「我必須做……」，並壓抑著「我想」的情感生活著。應該要交很多朋友、進入公司就必須照著上司的指示做事、不管遇到多不可理喻的事都要保持笑容……應該有許多人的腦袋都被這些「應該做」、「必須做」的想法塞滿了吧！

但是，每天被這些想法限制著，就會逐漸聽不見「我想」的真實心聲，最後變得不知道「自己到底想做什麼」。換句話說，就是迷失自我。

若是你因為搞不清楚自己的真實想法而煩悶不已，那就代表這還不是你明確的真實想法。遇到這種情況時，就試著去思考各種選項吧！**選項要盡量具體一點。**這就是九十九所說的「思考的可能性」。

舉例來說，工作既忙碌又充滿壓力，不確定自己到底還喜不喜歡這份工作時，就好好想想，整理出兩個選項：「咬牙撐下去」、「辭職奔向自由」，思考看看自己會選哪一個吧。

要是可以很清楚地知道自己該選哪一個，那就是你真正的想法。

一旦弄清楚自己真正的想法，接下來就可以靜待狀況改變，或思考如何貫徹自己的想法了。

夏油在認為必須守護非術師與看不起非術師的自己之間掙扎，逐漸聽不見自己的真實心聲。「兩者都不是你真正的想法哦。」九十九的這句話給了他當頭棒喝。

以夏油為例，他選擇了成為「極惡咒詛師」的道路。當然這不能說是一條正當的道路，但是了解自己真實心聲之後，夏油那清爽的表情令人印象深刻。

搞不懂自己真正的想法時，就試著用具體的選項來思考吧。若是心中浮現出明確的選擇，那就是你的真心話！

14

那些死者把什麼**託付給**你了？

你不需要立刻**回答**。

不過，

在找出答案之前，

絕對**不要停下腳步**。

（東堂葵／第127話「澀谷事變㊹」）

這句話送給失去目標和動力的你

伪夏油和咒靈掀起了前所未有的咒術恐怖攻擊 —— 澀谷事變。虎杖在與咒胎九相圖的長男 —— 脹相的戰鬥中敗北，身體的主導權被兩面宿儺奪去，虐殺了大量人類。接著，又親眼目睹七海建人被特級咒靈真人殺害，釘崎野薔薇也身負致命重傷。明明是為了「幫助他人」才成為咒術師，卻因為自己害大量的人失去性命，虎杖的精神已經超過負荷，於是真人趁虛而入，對他發起猛攻。

這時，把虎杖視為「摯友」、「兄弟」的咒術高專京都校三年級生東堂葵出現了。在東堂的幫助下，虎杖逃過了一劫，卻因為受到罪惡感苛責而僵在原地。「起來吧！虎杖！」東堂對崩潰的虎杖大喝一聲，接下來便說了左頁這段話。

不管是讀書、工作還是運動，當我們拚命朝著目標努力前進時，都有可能會因為突然間的挫折導致精神崩潰。

精神崩潰的其中一個原因，就是一直以來的努力「化為泡影」所造成的打擊。另一個原因則是因為挫折而失去目標，沒有動力再繼續付出任何努力。

這兩者都是因為過去的失敗，使人的意識聚焦於對未來的不安，陷入不知道現在自己該怎麼做的狀態。

舉例來說，當自己持續苦練一項運動，但還是只能一直坐冷板凳或輸掉比賽時，就會遭受打擊。在感到至今為止的努力都被否定的同時，也會覺得即使朝新的目標繼續邁進也沒意義，沒辦法著手進行任何事。可說是被困在過去的失敗中無法動彈。

虎杖以「幫助他人」為目標執行咒術師的工作，卻造成了完全相反的事態，便不知道該如何繼續以咒術師的身分活下去，也可以說是陷入了這種狀態。

精神崩潰的時候，休息非常重要。但更重要的是，**不要過度反覆回顧失敗，還有不要滿腦子想著對未來的不安。為此，我們必須把意識集中於此刻。**

「覺察」（Mindfulness）起源於佛教，其減輕壓力的功效也得到科學證明。它的概念是「刻意將意識集中於現在這個瞬間的體驗，並且不加批判，以不受拘束的狀態靜靜觀察」，持續進行下去，便能讓精神從崩潰的狀態中恢復。

換句話說，暫時先不去判斷正確與否，將焦點放在此時此刻，然後不要停止行動，才能讓自己變得更好。

在《咒術迴戰》中有一段劇情，是東堂在談論咒術師的命運。就如同咒術高專的校長夜蛾正道所說，咒術師經常與死亡為鄰，是一份「不愉快的工作」。他安慰虎杖道，沒有道理、充滿後悔的死亡都是天經地義的，這並不是該由虎杖一個人背負的事，是全體咒術師要一起承擔的。並對蹲坐在地的虎杖怒吼，不要停下腳步，在得出結論之前都要不斷行動。

這個道理不只適用於咒術師，無論你從事什麼工作，位居什麼立場，都會遇到因為失敗造成他人困擾的狀況。即使如此不要太拘泥於過去，也別對未來充滿不安，踏實地一步一步完成眼前每天該做的事。如此一來，就有可能慢慢看見新的展望。不管遇到什麼事情都不要停下腳步，這是一件非常重要的事。

15

因為我沒有**榜樣**能看，

我會一直不斷犯錯。

儘管如此，

我還是

必須一直走在弟弟前面，

所以我才會這麼強。

（脹相／第142話「大哥的背影」）

這句話送給沒有人可以依靠的你

　　脹相是人類與咒靈的孩子 —— 咒胎九相圖的長兄，與弟弟壞相、血塗感情深厚，他非常照顧弟弟，曾說過「我們三人是一體的」。然而他所深愛的弟弟們在與虎杖悠仁、釘崎野薔薇的戰鬥中落敗。

　　脹相在澀谷事變中與咒靈一同行動，並與殺弟仇人虎杖展開死鬥。他在把虎杖打到奄奄一息的時候，腦中浮現了虎杖其實是自己弟弟的記憶，因而受到衝擊，逃離現場。之後他向指揮澀谷事變的偽夏油掀起反旗，決定這次要為了守護「弟弟」虎杖而戰。

　　在東京毀滅後，他協助虎杖一起狩獵咒靈，但途中遭到禪院直哉襲擊，雙方展開戰鬥。面對說自己厭惡兄弟的直哉，脹相開始述說兄弟的重要性。左頁就是他當時說的話。

　　脹相表示，身為哥哥的人無論能力是好是壞，都會成為弟弟的榜樣。要是哥哥做錯了，弟弟只要別重蹈覆轍就好；要是哥哥做對了，弟弟只要跟著做就好。然而哥哥沒有榜樣可以參考。自己選擇前進方向，難免會犯下許多錯

誤，但還是必須不斷修正軌道，繼續邁步向前，因為弟弟
們都跟在後面。

諸如父母或兄弟姊妹、老師、學長姊、上司、年紀比自
己大的朋友等等，你身邊是否有能夠無條件支持他人、設
身處地給人建議，或是人見人愛、生活哲學或思想富有
魅力的人呢？若有一個人能讓你覺得「好像變得跟他一
樣」，代表你很有福氣。

生活哲學、思想或具體行動能成為他人模範的人，就稱
為**「楷模」**。如果你身邊有這樣的人，有機會直接接受
他的指導，就能高效率地獲得進步或提升能力。對虎杖來
說，五條悟就是這樣的人。

另一方面，也有人身邊並沒有楷模。那麼該怎麼辦才好
呢？方法有三種。

第一，**放寬尋找楷模的領域**。名人或歷史人物都可以
成為楷模。閱讀關於那個人的書籍，就可以學習他的思想
和行動。

第二，則是**尋找「反面教材」（成為壞榜樣的人事**

物），也就是楷模的相反。行動之前只要想著「不要跟他一樣」就好。

第三，就是像脹相一樣「自己的路靠自己開拓」，**做好由自己來當楷模的覺悟。**這比前兩種方法要來得艱難許多。由於沒有榜樣可以參考，任何事都必須自己思考、自己判斷。有時也會遭遇沉痛的失敗，每一次都得想辦法從失敗中站起來，會耗費許多時間、勞力與精力。

不過並非只有辛苦而已。自己開拓道路是一次難以取代的經驗。包含失敗在內，都一定會昇華成自己的實力。

最重要的是，無論遇到什麼狀況，都不要覺得只有自己孤軍奮戰。就算沒有人出手相助，也一定有人在看著你的背影。不管遭遇幾次錯誤和失敗，也要不屈不撓地站起來。你為了開拓道路而辛苦奮戰的身影，應該會在不知不覺間，成為眾多後進的重要路標，並成為你個人的魅力。

16

直到我生鏽之前，
我都會持續殺掉詛咒⋯⋯
這就是我在這場戰爭中的
任務。

（虎杖悠仁／第132話「澀谷事變㊾」）

這句話送給不懂自己現在在做的事情有何意義的你

　　在澀谷事變中,特級咒靈真人對虎杖說:「你就是我!虎杖悠仁!像我什麼都不想就動手殺人一樣,你也是什麼都不想就出手救人!」動搖了虎杖心中認定的「理由」和「正確」。

　　虎杖是因為「想幫助人」才成為咒術師的,這就是他所認定的「理由」和「正確」。但是他在澀谷事變中奪走許多人的性命,又失去了重要的夥伴七海建人和釘崎野薔薇。「我只不過是個殺人兇手!」「我已經無法原諒自己了。」虎杖這麼說道,陷入了自我否定。

　　之後,東堂葵以「你不需要立刻回答」這句話激勵了虎杖,於是虎杖振作起來,與東堂一起對真人發起猛攻,將他逼入絕境。虎杖由上往下看著跪倒在地的真人說:「我承認……真人……我就是你。」並接著道出左頁這段話。

　　對於現在正在做的事感到疲憊或是碰壁時,我們可能會突然停下腳步沉思,自己在做的事或別人要求自己做的事到底有什麼意義和價值。

　　現在讀的書到底有什麼用處?現在做的工作對社會到底有什麼幫助?伴隨著無力感和空虛感,我們可能會開始否

定自己的存在。在澀谷事變的中途，虎杖也是陷入了這種狀態。

這種時候應該換個想法，**不用急著現在下判斷，把眼光放遠來看事情。**

以推出iPhone等科技產品聞名的蘋果公司創辦人史蒂芬・賈伯斯在演講時曾說過：「你無法預先把現在的點跟點連接起來，只有在未來回顧時才能發現這些點跟點原來是相連的。所以你要相信，自己現在所做的事情將來都會連結在一起。」有這麼一段關於賈伯斯的軼聞，據說他讀大學的時候心血來潮去學了字體美術（Calligraaphy），這後來幫助他創造出了麥金塔電腦的美麗字體排版（typography）。

也就是說，你現在正在做的事，可能與未來的某一刻有所連結。也許是未來的自己，也可能是家人或夥伴。

有些事情就算現在不懂，以後也會逐漸理解的。

在與真人交手時，虎杖說：「這個行為或許在我死後幾百年才會產生意義……我想……我一定只是某個大型裝置裡的一個齒輪……」自己只要完成「持續殺掉詛咒」這個任務就好了。究竟自己的行為正不正確，有沒有為人帶來幫助，他認為那是**後世的人要去判斷的事**。

如果你現在有一個必須執行的任務，不妨別想太多，先試著努力做做看。未來的某天你將會明白當時做這些事的意義。也許某天會有人認同自己，也許現在所做的事會對未來的自己或某人有所幫助。點跟點之間的連結，只有在未來回顧時才看得出來。

最要不得的事，就是停止行動。什麼都不做的話，是無法與未來連接的。即使不知道有什麼意義，只要有必須做的事、想要做的事，就放手做做看，以後會慢慢了解其中意義的。這樣不就好了嗎？

第 3 章

同 伴

共 同 成 長

17

因此，我選擇了**教育**。

我要培育出……

強大又**聰明的夥伴**。

（五條悟／第11話「某個夢想」）

這句話送給想要實現夢想的你

特級咒術師五條悟是所有人公認最強的男人。全日本只有四名特級咒術師，而他的實力甚至遠遠凌駕其他幾名，說他一個人掌控著咒術界的力量平衡也不為過。擁有壓倒性的強大力量，單靠自己就無所不能的五條，在咒術高專擔任一年級生的導師，指導虎杖悠仁、伏黑惠、釘崎野薔薇等後進。

然而某天，把身為宿儺容器的虎杖視為危險分子的咒術高專高層，指派了一個要對付特級咒靈的任務給虎杖、伏黑、釘崎三名一年級生，企圖利用特級咒靈解決掉虎杖。結果虎杖也如他們所願地死了。

五條知道後氣憤地說：「乾脆把高層全殺光吧？」過一陣子他恢復了冷靜，開始對輔助監督伊地知潔高述說自己的「夢想」。左頁就是五條當時所說的話。

假設你有一個遠大的夢想。訂好了目標、比其他人加倍努力累積實力、周遭的人也都認同你的才能和努力，然而光是這樣，夢想依舊很難實現吧！因為**夢想越大，就越難只靠一個人完成。**

舉例來說，即使你是一名才華洋溢的音樂家，也不一定能在樂壇大放異彩。不過，身邊協助你的人越多，成功的可能性就越高。你做出來的曲子要交給富有感染力的歌手演唱，請插畫家畫出動人的插畫作品（專輯封面），還要有幫你宣傳的相關人士以及為此感到高興的粉絲……集結眾人之力，才能完成自己想做的事。

　　五條的夢想是重新整頓腐敗至極「爛透的咒術界」。以五條的力量，他大可殺光高層，輕輕鬆鬆地進行整頓。但是這麼做的話，沒有人會追隨他，無法掀起他真正希望的「變革」，所以五條選擇了「教育」。以老師的身分培育後進，是他達成自己夢想的手段。重點是，即使強大如五條，依然需要有夥伴幫忙才能實現夢想。

　　就算身邊沒有夥伴，也有很多方法可以去尋找。為了實現夢想，去就讀學習專門科目的學校，就可以找到跟自己擁有相同夢想的夥伴；也可以尋找自主開辦讀書會的群組。活用網路的話，應該也能輕鬆找到跟自己志同道合的人們。

　　當然也可以獨自一人一步一腳印地朝夢想前進，不過擁有能互相激勵、提升彼此能力的夥伴，夢想與自己的距離會一口氣拉近許多。

　　就像在RPG遊戲裡要組隊踏上冒險旅程一樣，夥伴同心協力所展現出的力量，能夠打碎擋在眼前的障礙。夥伴不僅可以彌補自己的弱點，還有可能會知道一些自己不知道的圓夢方法。當夥伴增加時，麻煩事確實可能比自己一個人的時候來得多，必須要顧及其他人的感受，有時候也會意見不合。即使如此，比起自己一個人，跟夥伴同心協力肯定能更快實現夢想。請大家務必去尋找懷有相同夢想的夥伴。

18

當然！

我⋯⋯要變得更強。

為了變強，我什麼都肯做。

（伏黑惠、釘崎野薔薇／第10話「雨後」）

這句話送給沒有幹勁的你

虎杖悠仁在少年感化院與特級咒靈交戰後，因為心臟被兩面宿儺奪走而喪命。伏黑惠和釘崎野薔薇雖然表面上平靜，但其實內心因為虎杖的死大受打擊。

此時，咒術高專的二年級生禪院真希、狗卷棘與熊貓，為了邀請伏黑和釘崎參加「京都姊妹校交流會」而出現在他們面前。

所謂的交流會，就是咒術高專東京校和京都校的學生展開「除了殺死對方以外做什麼都可以的咒術大戰」。一開始伏黑和釘崎的反應很冷淡，但是當真希對他們說：「你們要參加吧？畢竟夥伴都死了啊！」他們馬上變了臉色，並同時回答：「當然！」左頁這段話就是當時他們兩人腦中浮現的決心。

不管是讀書還是工作，誰都會有沒幹勁的時候。很多時候都是因為不得不做才去做，或是被別人警告才心不甘情不願地著手進行。但是，這樣不僅無法湧現幹勁，也很容易懶散，效率變差。

之所以沒有幹勁，是因為**沒有找出動力來源（動機）**。

動機分為**「外在動機」**和**「內在動機」**兩種。

外在動機是指透過外界因素引發的動機。說得更淺白一點，就是「因為不想被罵而去做」或「因為需要錢而去做」這類動機。藉由外界的刺激或壓力來保持動力。

另一方面，內在動機是指發自本人內心的動機。也就是「因為好奇心和上進心而去做」、「因為好玩而去做」、「為了達成自己的目標而去做」這類沒有受任何人指使的動機。藉由過程中的充實感和達成後的喜悅來保持動力。

現在**內在動機**更受矚目。由於是根據本人的意志行動，一般認為這種動機更能提高一個人的自主性，也能促進成長。比起別人叫自己做，自己下的決定更能不畏艱難、發揮創意、堅持不懈地進行下去。

話是這麼說，但我也非常理解那種難以靠自己產生幹勁的心情。我想有許多人都還在尋找自己的幹勁在哪裡。

　　伏黑和釘崎並不是因為聽別人說了什麼才想變強，而是以自己的意志決定變強。因為他們發現害虎杖喪命的原因正是自己實力不足。要是自己夠強的話，也許就能保護好夥伴了。因此他們才覺得為了變強，要做什麼都可以。不想再後悔第二次的心情，成了他們的強烈動機。

　　也就是說，**「夥伴」**是啟動他們幹勁的開關。

　　當你覺得自己總是提不起幹勁的時候，不妨試著想想「夥伴」。無論是想要跟夥伴一同成長，還是不想被夥伴拋下都行。

　　有些事情靠自己一個人辦不到，但和夥伴攜手共進就能完成。想要打開幹勁的開關，就借助一下夥伴的力量吧！

19

你那種程度就滿足的話，
我跟你就不再是**摯友**了，
這樣沒關係嗎？

（東堂葵／第36話「京都姊妹校交流會─團體戰③─」）

這句話送給想要進步的你

在咒術高專東京校與京都校的交流會上，虎杖悠仁第一次與東堂葵交手。雖然因為喜歡的女生類型偶然一致，東堂開始稱虎杖為「摯友」、「兄弟」，但打起來也絲毫不手軟。東堂展開強力的攻勢，而虎杖也正面迎擊。就在此時，東堂對虎杖的招式「逕庭拳」（以纏繞咒力的一拳打向對手，之後咒力再給予衝擊，透過一次的打擊給予對手兩次衝擊的招式）產生了質疑。逕庭拳是因為虎杖對於咒力的控制還不成熟而誕生的招式，東堂一瞬間就看穿那是個「壞習慣」，並直接說：「如果你只滿足於逕庭拳的境界，絕對贏不了我的！」左頁那段話就是他當時所說的。

虎杖對於突然跟自己說這些的東堂感到困惑，但是在聽到「這對特級是沒用的」這句話後便產生危機意識，並老實地接受了東堂條理清晰的建議。

希望自己能更加成長的時候，你會怎麼做呢？

訂立目標，一步一腳印地往前邁進的確是最好的方法沒錯。但是，光靠自己努力是有風險的，有時候會在自己沒發現的情況下往錯誤的方向前進。

舉例來說，即使你每天埋頭苦練棒球，但只要姿勢錯誤，一切都等於白費，不僅如此，要修正已經養成的習慣還需要花費大量的時間和體力。努力是非常值得尊敬的事，但是往錯誤的方向努力，只會白白浪費時間和體力。

　　為了避免努力方向錯誤，**需要有人以客觀的角度給予適當的建議。**

　　其中，擁有相同目標、一起努力、互相切磋琢磨的夥伴所給予的建議尤其珍貴，因為跟你越親近的的人就越了解你。當親密的夥伴給了你嚴厲的建議時，千萬不要無視或反駁，要好好聽進去。

　　如果有值得信賴的夥伴，也可以自己主動尋求建議。問問對方有沒有覺得哪裡奇怪，或自己有哪些弱點等等，也許對方給的建議會讓你注意到以前完全考慮過的地方。當然，如果自己發現了夥伴的問題，也應該試著告訴對方。

夥伴給予的建議，承載著想要和你一起成長的心意。正因為想要和你維持在同樣的水平，才會去敦促你，提升你的能力。

虎杖和東堂的故事還有後續。他們在澀谷事變一起迎戰特級咒靈真人，東堂看見在戰鬥中獲得爆發性成長的虎杖，便訓斥自己：「現在被拋下的人是我……東堂葵，你甘願維持現狀嗎！」接下來，東堂想和虎杖站上相同水平的心情，加上不願使虎杖孤立的心情，也促使他自己獲得了大幅的成長。

擁有能站在同一個水平一較高下，還能互相給予建議的夥伴，是一件非常棒的事情。如果你有這樣的夥伴，請一定要好好珍惜。

20

至少依靠一下我們吧，
我們不是朋友嗎？

（虎杖悠仁／第56話「起手雷同—貳—」）

這句話送給想要自己承受一切的你

虎杖悠仁、伏黑惠、釘崎野薔薇同學三人為了調查咒靈引發的連續刺殺事件，前往位於伏黑老家附近的靈異景點——八十八橋。因為這次刺殺事件所有的被害者，都曾經來過這座橋。

一位以前是伏黑同學的女生告訴伏黑，他的姊姊津美季也去過八十八橋。虎杖和釘崎擔心地詢問伏黑狀況，但他只回了一句「沒事」，沒有吐露自己的心情。後來，伏黑打算一個人再去重新調查一次八十八橋，虎杖和釘崎卻突然出現在他背後。「你真的太少提自己的事了。」釘崎無奈地說了這句話後，虎杖就接著說了左頁的話。

當你有擔心或煩惱的事情時，腦中會立刻浮現出可以談心的對象嗎？請稍微想想看。是父母？上司？還是年紀相仿的朋友？如果你可以馬上想到某個人，那表示你身處於相當幸運的環境。

然而，許多人即使懷有擔憂與煩惱，也沒有可以談心的對象，或者即使有，也沒辦法直率地向對方開口。很多煩惱不方便與父母談論，也很少有人跟老師或上司等年長者交流密切，關係好到可以談心。

即便是同年紀的朋友或熟人，若彼此的關係只是在社群平台上互動或點頭之交，也沒辦法掏心掏肺地傾訴。

　但要是一個人獨自煩惱下去，視野會變得狹隘，過了再久問題也不會解決。更何況，每天都懷著煩惱或擔憂，生活會非常痛苦，放著不管有可能會惡化成心理疾病。

　正是因為如此，如果你身邊有人能夠像虎杖一樣對你說：「至少依靠一下我們吧，我們不是朋友嗎？」那一定要好好珍惜他。面對平常就互相信賴的人，不妨像伏黑一樣打開心房，試著將一切說出來吧。會對你說這句話的人，才算得上是「夥伴」。

　找不到談心對象或不太好意思依賴他人的話，則可以**先建立一段讓他人能依賴自己的關係。**

　在找別人談心之前，先幫對方解決對方的問題就行了。當你發現朋友正在為了某件事而煩惱時，就像虎杖一樣對他說「依靠一下我吧」，並設身處地為他排憂解難。

一旦建立起一段不管發生什麼事都隨時都可以找彼此聊聊的關係，你自己也能更輕鬆地去依賴對方。

在聽了虎杖的一番話後，原本幾乎絕口不提自己過往的伏黑向他們坦白了津美紀陷入危險的事。看著話說還沒說完就準備起身行動的虎杖與釘崎，伏黑不禁露出了淺淺的微笑。他們兩人可以算是伏黑第一次擁有的親密夥伴。

人際關係是有來有往的。若是你敞開心胸，對方的心也會對你敞開；若是你關心對方，對方也會關心你；若是你設身處地為對方排憂解難，對方也會用心傾聽你的煩惱。如此一來，你們就會成為隨時都可以依靠彼此、無可取代的夥伴。

21

可是⋯⋯
一個人會很寂寞耶？

（五條悟／《咒術迴戰　東京都立咒術高等專門學校》
第1話「詛咒之子」）

這句話送給想要消失在世界上的你

乙骨憂太是一名成長於普通家庭的少年，個性穩重溫柔。然而，曾和憂太一起發誓過以後要結為夫妻的少女——祈本里香於車禍中喪生，並化為靈體附在乙骨身上。某天，里香把一直找乙骨麻煩的四名同學一舉塞進了置物櫃裡，使他們身受重傷。原來，里香是一個危險咒靈，會對試圖危害乙骨的人進行無差別攻擊。

乙骨身為被特級過咒怨靈祈本里香附身的特級被咒者，被判了完全祕密執行的死刑，但是五條悟將他保了出來，要送他去咒術高專就讀。然而與五條會面時，乙骨拒絕前往咒術高專，他甚至因為不想再傷害到任何人而試圖自殺，但遭到里香阻止，沒有成功。面對表示自己「再也不出去」的乙骨，五條悟說了左頁這句話。

你曾經想過要拋下一切，消失在世界上嗎？

在犯下大錯造成其他人困擾的時候；身邊有討厭的人卻無法離開的時候；必須得不斷回應某人的期待而痛苦不已的時候；生重病或受傷導致無法自由活動的時候；遭受不講理的霸凌或惡作劇的時候……難免會感到身心俱疲，

認為自己沒有活下去的價值，覺得「要是我不存在就好了」。這種時候，很多人會覺得自己被周遭所孤立，只能靠自己解決一切。也有人會切斷與其他人的關係，把自己關在家裡，或許也有些人曾想過要自殺。

然而在這種時候，最重要的正是**向他人尋求建議，了解到「自己不是一個人」**。

靠自己擺脫痛苦的情緒和痛苦的情況，是非常困難的一件事。不過，只要把事情說出來給別人聽，心裡就會輕鬆許多。當然，光靠傾訴是沒辦法把所有問題一次解決的，但是當心靈平靜下來，才會有力氣去面對這些問題。

另一件重要的事情，就是**要抓住別人伸出的援手**。

總想著「希望自己消失」的人，可能會看不到身邊的人伸出的援手，或是注意到了卻無視它的存在。

乙骨最後聽從了五條的話進入咒術高專，並在那裡遇見了夥伴。遇到他們之後，乙骨得到了「可以活下去」的自

信。這一切的開始,都是因為乙骨抓住了五條伸出的援手,依照他的話進入咒術高專就讀。

　當周遭的人向你搭話、伸出援手的時候,就率直接受吧!請牢牢記住,陷入痛苦的時候,只靠自己一個人什麼都無法解決。

　日本厚生勞動省為了身邊沒有談心或求助對象的人設立了電話諮詢窗口。LINE上面也有一個由非營利組織(NPO)所營運,叫「人生好難」(生きづらびっと)的煩惱諮詢窗口。痛苦到不知道該怎麼辦的時候,務必考慮看看利用這些資源。

※ 譯註:上述皆為日本的服務窗口,不適用於臺灣。

22

你**幫助越多**人，
就會受到越多人的**認同**。
那麼一來，以後就會有
各式各樣的人來幫助你，
也不會感到孤單了。

（加茂憲紀之母／第54話「咒術甲子園」）

這句話送給感到非常孤單的你

加茂憲紀是就讀咒術高專京都校三年級的準一級咒術師。個性冷靜沉著,戰鬥能力高強,在交流會時是京都校的領頭人物。

憲紀雖然身為御三家之一 —— 加茂家的嫡長子(正室所生的第一個男子),但他其實是側室的孩子,因為正室沒有生下繼承到家茂家術式的男子。加茂家對憲紀的母親一直十分冷淡,甚至稱她為「下賤的側室」。憲紀在六歲的時候被接到加茂家,母親只留下一句:「我在的話會妨礙到你。」便離開了家。憲紀的母親告訴年幼的憲紀要成為一個厲害的咒術師的時候,就說了左頁這段話。

你曾有過明明身邊圍繞著許多人,孤獨感卻撲面而來的經驗嗎?在家裡有家人,學校有同學,公司有同事,卻覺得沒辦法好好融入,覺得沒有人理解自己,沒有人需要自己。或是感覺跟別人相較之下,只有自己低人一等,被大家遠遠拋在後頭。

懷著孤獨感生活是很痛苦的。一想到「是不是沒有人需要我」就喪失自信，變得不擅與人溝通，還會因為太在乎別人的眼光，而無法按照自己的想法行動。也有可能會因為看到別人快樂的樣子，就覺得自己更加孤獨，而開始逃避與人來往。

然而，若是因此就胡亂地混入人群，最後通常只會加深「果然沒有人懂我」、「沒有人需要我」的感受。**心與心之間沒有連結的話，是沒辦法消除孤獨感的。**

想與身邊的人建立心靈上的連結，最重要的一點就是**互相幫助**。為此，首先就**由自己來幫助身邊的人吧**！聽起來似乎有點誇張，但其實這並不困難。遇到看起來需要幫助的人，就試著向對方搭話，傾聽他的煩惱。即使是很小的事也無妨，試著去幫助他人吧！只要這樣就行了。

關心他人，就會走出自己的世界，自然而然開始理解他人，孤獨感應該也會逐漸消散。

憲紀想起母親這番話的前一刻，正在詢問虎杖悠仁成為

咒術師的契機。虎杖說：「我很怕寂寞，所以想要幫助很多人，希望死的時候有很多人可以來替我送終。」從這番話中可以清楚了解到他的想法，也就是積極地去幫助人，成為對許多人有用的人。實際上也確實有很多人圍繞在虎杖身邊。憲紀在家茂家也曾經是「一個人」，但與夥伴有了聯繫之後，現在京都校的大家也都聚集在他身邊了。

當你覺得「自己很孤單」、「大家都不理解自己」的時候，不妨試著去幫助他人吧！你給予別人的東西，最終會回到自己身上。你幫助了多少身邊的人，就會得到多少人的幫助。到那個時候，你應該就不會是「孤身一人」了。

23

只有我強的話，
似乎也沒什麼用。
我能救的⋯⋯
是**已經準備好**
接受拯救的人而已。

（五條悟／第78話「玉折—參—」）

這句話送給與重要的人關係破裂的你

就讀咒術高專二年級的時候，五條悟與夏油傑是彼此信賴、獨一無二的摯友，甚至被稱為「最強的兩人」。

他們奉命前去護衛星漿體——天內理子，卻遭遇人稱術師殺手的伏黑甚爾襲擊，天內也被他殺害。

隔年，五條與夏油都成了特級咒術師，卻走上了不同的道路。五條經過與甚爾的戰鬥後實力提升；而夏油在目睹非術師因天內的死，而歡欣雀躍的醜陋面之後，「守護非術師」的信念開始動搖。

終於在某一天，出任務時親身體會到非術師的醜陋後，夏油殺光了自己本應守護的村民，並展開逃亡。他下定決心殺光全世界的非術師，創造出不會產生咒靈的世界。

後來五條與夏油再次相見，卻無法下手殺死摯友。與夏油分別之後，五條就對咒術高專的導師——夜蛾正道吐露了左頁這段話。

你曾因為爭執或理念不同，而失去過重要的夥伴或無可取代的摯友嗎？

即使曾經認為彼此間的情誼堅不可摧，也有可能會因為一些小小的分歧而關係破裂；或是走上不同的道路，隨著

時間流逝，橫亙於兩人間的鴻溝深到難以填補，於是逐漸疏遠。

　　如果有明確的問題點，當然也可以嘗試各種修復關係的方法，比如把話說開、老實道歉或給彼此時間冷靜等。可惜的是，一度失去的友情或人際關係，並不是簡簡單單就能夠復原的。

　　雖說如此，如果起因是兩人的理念不一致，也不需要勉強自己去配合對方。**要是扭曲自己的理念，勉強配合對方，可能會迷失自我。**

　　五條沒留意到自己無可取代的摯友深受苦惱折磨，沒能拯救（阻止）對方，因而陷入了深深的失落和絕望。另一方面，已經決定自己生活方式的夏油，也不想被五條「拯救」。即便五條再怎麼強大，也無法去救沒有打算被他人拯救的人。如果五條協助夏油殺光非術師，兩人也許能重修舊好，但這不是五條所期盼的人生。兩人的價值觀已經產生了令人絕望的分歧。

　　五條選擇的道路是與夏油訣別，尋找新的夥伴。他把此時的後悔與悲傷當作基石，並開始在咒術高專培育年輕人才。

　　五條發覺自己以前的過錯後便深深反省，現在的他總是非常細心地觀察和陪伴咒術高專的學生。

　　人際關係是會不斷變化的。雖然也有人一輩子都與同一個朋友來往，但隨著升學、就業、轉職、結婚、興趣的變化，交友圈也逐漸改變。會遇到新的夥伴，也許還能從中結交到摯友。夥伴當然非常重要，但請不要執著於一段人際關係而失去自己的理念。

24

釘崎……！謝謝妳！
我沒能拯救任何人，
還害得大家的辛苦都白費了……
儘管如此，
妳還是讓我知道，
我不是一個人。

（虎杖悠仁／第124話「澀谷事變㊷」）

這句話送給想再堅持一下的你

在澀谷事變中，虎杖悠仁嘗到了撕心裂肺的痛苦滋味。當初是因為想幫助更多人才成為咒術師，然而奪走虎杖身體主導權的兩面宿儺卻虐殺了大量的人。除此之外，他還親眼目睹了特級咒靈真人殺死自己景仰的一級咒術師——七海建人。

虎杖憑一己之力與真人展開決鬥，但是陷入了苦戰。真人接著打算利用分身殺掉位在別處的三級咒術師——釘崎野薔薇。輔助監督新田明曾勸阻釘崎進入戰鬥區域，然而釘崎說道：「他們正在戰鬥的時候……我沒辦法一個人回去。」之後便趕赴戰場，與真人的分身交戰。

只要沒有攻擊到本體的靈魂，真人就不會受到傷害，所以剛開始釘崎的攻擊都沒有起作用，直到她使出「芻靈咒法」——「共鳴」，重擊在遠處與虎杖戰鬥的真人本體靈魂，才成功給予對方巨大的傷害。當時虎杖的心中便浮現了左頁這段話。

一起為了某件事努力、朝著同一個目標奮鬥、共享喜悅與艱辛的夥伴，是漫長人生中無可取代的存在。

在學校的社團活動中一起揮灑汗水、在大學的研究室一起埋首研究課題、在職場一起挑戰企畫的過程中，我們與夥伴時而互相激勵，時而爭吵，互相切磋琢磨並一同跨越難關，有時候甚至會覺得彼此間的情誼比血脈相連的兄弟姊妹還深厚。

一個人踏踏實實地埋頭努力也是非常值得讚賞的一件事，但是當你遭遇困難時，若沒有人與你一起分擔，沒有人能協助你，那將會非常痛苦。

原本光靠自己無法度過的難關，**多了夥伴的鼓勵或協助就有可能成功跨越**。夥伴就是如此重要的存在。

如果身邊沒有可以一起打拼的夥伴，就多花點心力去尋找夥伴吧！有些事情只能一個人做，而這種時候也可以去找跟自己處境相同的人當夥伴。舉例來說，準備考試雖然只能靠自己，但是也可以與同樣在準備考試的人成為夥伴。

即使與夥伴分隔兩地，只要想到對方也跟自己一樣在某處默默努力，應該就會覺得「自己不是一個人」，感到安心許多。

感受到位於遠處的釘崎正與自己並肩作戰，原本帶著絕望的心情戰鬥的虎杖，受到了莫大的鼓舞。想起一起戰鬥的夥伴，臉上的陰霾瞬間就一掃而空。即使人不在身邊，夥伴還是能夠為我們帶來很大的力量。

現在社群平台發達，很容易就能得知身在遠處的夥伴近況。還能藉由通訊軟體輕鬆取得聯繫。

即便沒有直接連絡，只要偶爾想想夥伴就好。過去曾一起奮鬥的夥伴，現在也在某處奮鬥著。光是這麼想，就會湧現勇氣了吧！

25

我們是咒術師。

我和你！

釘崎！Mr.七海！

我們的每個夥伴……

都是咒術師！

（東堂葵／第127話「澀谷事變㊹」）

這句話送給一個人陷入沮喪的你

在澀谷事變中與特級咒靈真人展開激烈戰鬥的虎杖悠仁，身心都陷入空前絕後的危機。

他與脹相戰鬥吞敗後，兩面宿儺趁隙掌控他的身體，虐殺了大量的人。接下來又目睹七海建人遭到殺害，同學釘崎野薔薇也在真人的攻勢之下瀕臨死亡。

真人毫不留情地展開強烈攻勢，向動搖的虎杖襲來。在真人即將給予虎杖致命一擊的瞬間，救兵到場了，那人正是把虎杖當作「摯友」、「兄弟」的京都校髮瞽大猩猩——東堂葵。東堂秉持為朋友著想的心意，嚴厲怒罵被情緒淹沒而喪失戰意的虎杖。當時東堂說的就是這段話。

一個人的力量是很小的。無論是多有才能和實力的人，**光憑自己也難以成大事。**想要成大事，就需要擁有相同目標、能互相彌補不足之處、共同成長的夥伴。

一個頂尖的運動員，一定擁有在背後支持他的工作人員，以及互相競爭的夥伴。用新發明改變全世界人類生活模式的優秀企業家，也都擁有支持自己的夥伴。

虎杖等的咒術師的工作，在某種意義上是充滿絕望的。七海因為同學灰原雄的死，而選擇到一般公司工作。就連才能與實力可與五條相提並論的夏油傑，也是因為無法繼續忍受咒術師的工作，最後成了「極惡咒詛師」。

就如同咒術高專的校長夜蛾正道所說的，「這不是一件愉快的工作」、「咒術師沒有毫無悔恨的死」，隨時會在執行任務的途中突然遭遇意外而死亡，這就是咒術師。

在執行咒術師的任務時，一直以來支持著虎杖的是**擁有相同目標的夥伴**，也就是**團結意識**。給了自己成為咒術師契機的伏黑惠、雖然經常爭吵但打從心底信賴彼此的釘崎野薔薇、東京校的學長姊禪院真希、狗卷棘、熊貓，還有教導自己許多事的七海建人，以及咒術老師五條悟……

在戰鬥中跌入絕望深淵的虎杖，因為東堂的話而想起了這件事。自己和所有的夥伴都是咒術師，大家是擁有相同目標的夥伴，即使有的夥伴犧牲了，只要我們自己還活著，咒術師陣營就還沒有輸。

聽了東堂的一席話，虎杖重新站起來，並且想起七海對自己說過「之後就交給你了」，終於找回戰鬥意志。擁有共同目標的夥伴就是如此具有影響力。

在現代社會中，透過社群平台等工具就能輕鬆結交夥伴。即使沒辦法去學校、沒辦法去公司，只要在平台上發布內容就能夠與他人交流。要是有感興趣的話題，甚至是相同的煩惱，就能憑自己的意志去拓寬朋友圈。

一個人陷入沮喪的時候，最能有效鼓舞自己的就是夥伴了。如果你擁有夥伴，一定要珍惜這段關係並好好維繫。只要擁有一個夥伴，應該就能在這個痛苦不堪的世界生存下去。

第 4 章

反轉

不要輸給現實

26

只有**不平等的現實**，

平等地降臨在所有人身上。

（伏黑惠／第9話「咒胎戴天—肆—」）

這句話送給快要被現實擊垮的你

　　為了將還留在少年感化院的人們從咒靈手中救出，虎杖悠仁、伏黑惠、釘崎野薔薇三人被派往現場。結果釘崎遭到咒靈襲擊而脫離戰線，虎杖與伏黑也陷入困境，最後是兩面宿儺出面打倒了特級咒靈。

　　但是虎杖無法立即與兩面宿儺交換回來，兩面宿儺出現在伏黑面前，放話要「殺了」他。伏黑與兩面宿儺對峙時，腦中浮現的就是左頁這段話。

　　伏黑深知現實有多麼不平等與不講理（荒唐且沒有道理）。因為他善良的姊姊遭受不明原因的詛咒陷入昏迷；另一方面，拋棄他們的父親卻不知道在哪裡逍遙自在。現實就是，應該得到幸福的人得不到幸福。伏黑就是如此切身體會到現實的不平等與不講理。

　　「不平等的現實」可說是我們生活在這個世界的代名詞。

　　有個詞語叫作「社會分化」，意指因為所得或居住地區、性別、年齡、民族、殘疾、宗教等原因，人們無法獲得平等的機會、無法得到理想結果的社會。

一般認為，出生在貧困家庭的人無法接受足夠的教育，因此不僅大學升學率低落，學力測驗的分數也較低。另外隨著工作地方的不同，即便是相同年資的人，收入也會有極大落差。有錢人運用手上的資產投資股票或不動產，變得越來越富有；相反地，貧窮的人沒有賺錢的機會，變得越來越貧困。在貧窮家庭之中，還有些無辜的孩子遭受著父母的家暴──這就是不平等又不講理的現實。

不久之前，日本網路上很流行「上級國民」（一種俗語，指不同於一般國民的上等國民。有時也指那些即便犯了罪，也可以靠政治權勢或財力規避罪責的階級）一詞。最近流行的則是「父母轉蛋」等詞語，意思是生在哪種家庭就決定了你今後的人生。兩者都可以說是在表達不平等的現實。

不講理又不平等的現實會壓垮我們，奪走我們活下去的力量。也難怪有許多人會被「反正努力也沒用」這種放棄一切的情感所支配，覺得努力的人都是傻子。

不過，**堅持不懈地採取行動並不斷努力**，是非常重要的一件事。

在《咒術迴戰》中登場的咒術師，都在拚命對抗這個不講理又不平等的世界。籠罩在隨時可能死亡的陰影下，試圖改變這個善人不一定能得到幸福的世界，不斷與強大的咒靈戰鬥。即使因為失去夥伴而心碎，即使狼狽地逃竄，還是會再度回到戰場，繼續戰鬥下去。他們的身影想必深深打動了讀者的心吧！

即便現實不平等，也不代表努力是沒用的。認清現實後，就要思考接下來該如何行動。你所採取的行動，也許會在日後成為某人的動力或改變自己的巨大力量。

27

我會不平等的
去幫助別人。

（伏黑惠／第9話「咒胎戴天—肆—」）

這句話送給在不平等的現實中掙扎的你

　　與兩面宿儺對峙時的伏黑惠，為了救回虎杖悠仁而拚死奮戰。但是在兩面宿儺壓倒性的力量面前，他什麼都做不了。不僅如此，連要救虎杖的企圖也遭對方看穿。

　　不過伏黑並沒有放棄希望。即使陷入空前絕後的危機，他還是為了救虎杖，燃燒熱血與兩面宿儺戰鬥。

　　「只有不平等的現實，平等地降臨在所有人身上。」姊姊因不明原因的詛咒而陷入昏迷，讓伏黑產生了這個想法。在現實世界中，「因果報應」（善有善報，惡有惡報）不一定會到來。

　　既然如此，伏黑惠希望去救助自己想救的人，至少不要讓好人受苦。左頁這句話正表現出了伏黑的強烈信念。

　　親眼目睹現實的不平等時，有時候會湧現一股「自己什麼都做不到」、「做什麼都是徒勞」的無力感，使人裹足不前。

　　例如，父母偏愛其他兄弟姊妹，只對自己嚴苛；或是因為性別或殘疾的關係被剝奪機會，這些不平等會使人沮喪，最終深感「自己沒有價值」。每天勤奮工作，收入卻

完全沒有提高，生活依舊艱辛，這種情況可能會使人非常挫敗。

　　對自己深感無力的人，大多抱有「想完美做好所有事」的想法。這種人通常一開始都很努力，但是途中遭遇不講理的現實阻礙後，便無法繼續堅持下去，開始感到痛苦，並不斷責備沒能達成目標的自己。個性認真且責任感強的人，特別容易陷入這種狀態。

　　明明有很多想做的事或該做的事，卻全都半途而廢。覺得既然沒辦法做得完美，那做不做都沒差了，最終選擇放棄。要是這種情況持續下去，你會逐漸失去自信和精神。

　　那麼，要怎麼樣才能擺脫無力感呢？線索就藏在伏黑所說的話裡。不用凡事都做到完美，**只要在自己做得到的範圍內盡力就好。以自己的想法為基礎，貫徹自己的作法。**認可自己只要做到這樣就好。

伏黑「只幫助自己想幫助的人」這個想法，與想幫助所有人的虎杖不同。在要不要救助曾經無照駕駛撞死少女的男子這一點上，兩人互相對立。虎杖想要盡可能地救更多人，但當他因為沒成功救到人而感到挫折時，一度差點喪失戰役。

另一方面，伏黑沒有迷失自我，仍持續以自己的方式戰鬥。他們兩人的反應之所以如此不同，其中一個原因當然是身為咒術師的成熟度差別，但其實也和他們的想法差異大有關係。

因為現實是不平等的，所以自己也不用追求完美。更重要的是不要迷失自我，不要停下腳步。

28

如果有空詛咒別人，
不如把時間拿來
替自己**重視的人**著想。

（伏黑津美紀／第9話「咒胎戴天—肆—」）

這句話送給開始怨恨他人的你

與伏黑惠沒有血緣關係的姊姊 —— 津美紀是個典型的善人。伏黑自小就與雙親分別，跟津美紀兩人相依為命，他雖然有點看不下去姊姊那「典型濫好人」的言行，但心裡非常敬愛她。

然而某天，津美紀突然中了不明的詛咒，陷入昏睡狀態。伏黑一直認為津美紀是「最應該得到幸福的人」，因此這個不合情理的事件，對他造成了很大的打擊。之後他一改「我要幫助誰啊？」這種自暴自棄的想法，守護、幫助津美紀或像她一樣的善人，成了他作為咒術師的行動準則。左頁這段就是津美紀對惠說過的話。

在所有事情都無法如願時，或遭遇不講理、痛苦、難以忍受的事情時，人們很容易會去怨恨別人。

考試落榜，都是父母沒讓自己上補習班的錯；工作很辛苦，都是上司不會管理的錯；找不到理想的伴侶，都是異性不懂得欣賞自己的魅力；人生很難，都是因為政治、社會或時代的問題……諸如此類，會這樣怨天尤人的人並不少見。

當事情進展不順利，把原因歸咎於他人而非自己的想法稱為**「他罰思考」**；相反地，認為原因和責任都在自己身上的想法稱為**「自罰思考」**。

適度的他罰思考是必要的。要是認為事情不順利全都是自己的責任，一味地責備自己，精神會不堪重負。再者，發現問題的時候，確實追究他人責任的態度也是必要的。

不過，要是過於偏重他罰思考，就會對人亂發脾氣、把責任推給別人，對人際關係造成不良影響。如果沒有意識到自己做錯並想辦法克服，成長也會就此停滯。

總是將怒火的矛頭指向別人、到處樹敵的人，會像是被詛咒侵蝕一般遭到孤立，並且不斷惡化。

遇到問題或不合情理的事情時，更需要**去思考自己是否有做錯的地方，如何才能讓未來變得更好**，這是非常重要的一件事。

津美紀從小就沒有父母陪在身邊，家庭環境絕對稱不上理想。但是她並沒有因此怨恨誰，也不曾唉聲嘆氣或陷入

絕望，沉穩地一路生活到現在。可以說是與憤怒、忌妒、怨恨、痛苦這些負面感情幾乎無緣的一個人。這並不是假裝出來的，在最近的地方看著她一路走來的惠，應該是最清楚這一點的人。把難過的事當成幫助自己成長的養分，並且珍惜弟弟和身邊的人，這就是她所選擇的生活方式。

當你覺得自己遇到不合情理的事情時，請在怨恨別人之前，先確認看看自己是否陷入了他罰思考。將思考方向轉為如何使自己成長並跨越困境，才能得到幸福。

29

他現在正想辦法
在現實與理想之間**取得妥協**，
要說的話，
愚蠢的是你才對。

（七海建人／第29話「成長」）

這句話送給人生不如意的你

　　由於交心好友吉野順平被特級咒靈真人變成異形，而後還慘遭殺害，正在與真人交戰的虎杖悠仁陷入狂怒。

　　虎杖想要拯救更多人免於不講理的死亡，讓他們擁有「正確的死」，但是卻沒能救回吉野，於是不斷向真人發動攻擊。而真人也展開反擊。真人之前曾透過能將人自由變形的術式「無為轉變」製造出許多改造人攻擊虎杖，並意圖以這種狡猾的招數折磨他。

　　殺死還保留著一點意識的改造人，無非就是在誅殺無辜之人。如同真人的預料，虎杖對於是否該出手攻擊改造人產生了猶豫。

　　接著真人向趕來救虎杖的一級咒術師七海建人訴說他的下一個計畫 —— 把七海變成改造人，讓他去跟虎杖戰鬥。並說道：「不知道他會不會哭出來呢？無法在現實跟理想取得妥協……愚蠢的小孩子。」而七海則用左頁這段話回應了得意洋洋的真人。

　　我想無論是誰，都會有希望自己變成怎麼樣的人，及希望可以往哪裡發展之類的「理想」。但「現實」既殘酷又

不講理。在現實面前,理想輕易就被打碎的情況占據壓倒性的多數。

　　理想與現實之間隔著一堵高牆。想要讀書念大學,卻因為經濟問題無法升學;有想從事的工作,卻因為求職失利而無法進入該公司,不斷被現實這堵高牆所阻擋,有時候會漸漸覺得「做什麼都是徒勞」,陷入無力感的泥沼。

　　不過,無論處在多麼糟糕的狀況下,若不想辦法脫離泥沼,就無法向前邁進。所以我們必須要**「在現實與理想之間取得妥協」**。

　　首先要了解一件事,那就是**自己無法控制現實**。說到底,現實本來就是不講理又不平等的。事情的發展不一定會如自己所願。

　　以此為基礎,**先冷靜客觀地分析並掌握自己的狀態,以及了解自己身陷的處境,判斷出在此狀況下自己所能做的最好選擇,並付諸實行。**

　　相對於真人口中殘酷的「現實」，虎杖的「理想」是每個人都可以得到「正確的死」。然而在真人帶來的壓倒性不講理的現實面前，他終於了解到自己的理想是不可能達成的。

　　改造人已經無法變回普通人類。獨自面對改造人的虎杖，最後選擇殺死攻擊自己的改造人，接著像是要發洩怒意般，再次朝真人發動攻勢。虎杖判斷自己很難拯救所有人，於是選擇了打倒真人以防再出現犧牲者這個「最好的方法」。不能太拘泥於理想，但也不能因此全盤放棄，於是他做了在現實與理想之間「取得妥協」的選擇。

　　真人曾經說虎杖是「小孩子」，七海之前也一直把他當小孩子看待，但是經過這一戰，七海終於認可虎杖是一名咒術師。這也就代表，無法在理想與現實之間取得妥協的人是小孩子，做得到這一點的人才稱得上是大人。

30

不幸的人
做什麼都可以被原諒嗎？
所以怎樣？
出身好的人反而被人
從背後指指點點，
妳就滿足了嗎？

（釘崎野薔薇／第41話「京都姊妹校交流會─團體戰⑧─」）

這句話送給覺得自己不受上天眷顧的你

在咒術高專的交流會上，釘崎野薔薇與京都校的二級咒術師西宮桃展開戰鬥。

西宮非常尊敬同校的禪院真依，無法原諒釘崎稱真依是「真希學姊的劣化版」，於是在攻擊釘崎的同時一邊對她發洩怒火。

在戰鬥中，西宮開始述說女性咒術師跟男性咒術師相比，受到了多少不公的待遇。大家對女性咒術師的要求不只有「實力」，而是包含外貌在內的「完美」。更不用說真依，她出生在菁英咒術師家族御三家之一的禪院家，在咒術師這條路上，她還得跟「不講理」戰鬥。然而，聽完西宮這番話，釘崎只說了一句：「吵死人了。」接著便用左頁這段話回應。

當自己遭遇不幸的時候，有些人會忌妒受上天眷顧的人，在背後說對方壞話；或者是一直跟別人說自己有多不幸，滿口抱怨，有時候還會因為負面言論把現場氣氛搞得很差。這種「覺得自己好可憐的心情」，稱作**「自憐」**。

如果陷入了自憐狀態，最好趕快改變想法。因為自憐是一種不僅會傷害到他人，還會使自己更加不幸的想法。

要是成天想著自己很可憐，心頭就會被「為什麼只有我這麼悲慘」、「沒有人了解我」之類的痛苦心情占據，導致自己更難以擺脫現狀。

即使自己處在出身背景不好，沒有人理解自己等等悲慘狀況，**也不代表你有權力欺壓他人**。況且，受上天眷顧的人也不是活該遭人忌妒。

釘崎與真依初次見面時，真依用「骯髒的非人之物」、「他死了你們應該也鬆了一口氣吧」等話語侮辱了虎杖悠仁，雙方發生激烈衝突。而釘崎之所以對西宮說的話那麼生氣，就是因為不管真依背負著什麼樣的宿命，過得多麼辛苦，也不代表她能夠出言侮辱自己重要的夥伴。

接著釘崎說：「即使同樣出身，我就很喜歡真希學姊。」真依的姊姊真希天生沒有咒力，成長過程中在禪院家受到的迫害不比真依少。然而，真希只是說話粗魯了點，其實

非常照顧學弟妹，也不會毫無理由地藐視他人。因此思路清晰的釘崎，當然不會接受西宮那套，要別人體諒真依的說教。

有許多人即使遭遇不幸，也堂堂正正地生活著。耽溺於不幸之中無法自拔，代表你「輸給了不幸」。即使現實既不講理又殘酷，我們還是可以優雅地活下去。

31

我們有**義務**要去回應
「完美」或「不講理」嗎？
妳的人生是工作嗎？

（釘崎野薔薇／第41話「京都姊妹校交流會—團體戰⑧—」）

這句話送給過度在意別人看法的你

釘崎野薔薇在交流會上與京都校的西宮桃交戰，並對她所說的話感到憤慨。西宮秉持著為夥伴著想的心，對釘崎述說了生在精英咒術師家族的禪院家，真依到底經歷了哪些苦難。身為咒術師，被要求「完美」是理所當然的，除此之外，她還必須跟「不講理」戰鬥。

然而，釘崎不理會西宮的「說教」，也沒有因此原諒真依對虎杖悠仁和自己做的無禮行為。左頁就是當時釘崎所說的話。

西宮想表達的，似乎不只是以真依為首的女性咒術師之處境，而是世界上所有女性所面對的困境。例如下面這段話：

「女人，就算有實力，如果不夠可愛會被瞧不起⋯⋯當然，就算長得可愛，沒有實力也會被瞧不起⋯⋯妳懂嗎？」

實力主義只適用於男性，女性則不光是實力，連容貌都要被評價。不管實力多強，若是長得不好看，就得不到認

可；就算長得好看，沒有實力也得不到認可。換句話說，女性不光是被要求要有實力，還要完美。有時候甚至還會遇到不講理的事情。這種情況不只發生在咒術師的世界，現實世界也是如此。

應該有不少人因為必須根據周遭的**氣氛**或**壓力**而採取行動，被壓得喘不過氣吧！

在學校或公司不能發表太過引人注目的意見，不能違抗上頭的意見，服裝和髮型不能太標新立異，不能一個人採取和大家不同的行動。而且，應該有不少人都看過發表特殊意見的人，在社群平台上被大批網友圍剿的景象吧！

以上這些情況都稱作**「同調壓力」**。這種必須隨時看人臉色、配合大家的潛規則不只存在於學校或公司這些團體之中，而是存在於所有的人際關係。在「以和為貴」的日本社會中，充滿了強烈的同調壓力。

「女生一定要懂得打理外表」、「女生即使遇到不講理的事情也要忍耐」，像這樣要求女性完美，迫使女性面對不講理的事情的元兇，是社會整體的氛圍、氣場和壓力。

被要求「完美」就回應，遭遇「不講理的事」就忍耐，這是真依所選擇的道路。西宮對這樣的真依產生了強烈的共鳴。

然而，釘崎完全不這麼想。不管被誰要求「完美」，不想回應就不要回應；在社會上遇到「不講理的事」，討厭的話就去反抗。不看某人的臉色，不遵從多數派的意見，我要過我自己的人生 —— 這就是釘崎的想法。

釘崎擁有不怕跟周遭的人產生摩擦的心理素質。想要在這個不平等的現實社會中抵抗不講理和同調壓力，像釘崎一樣**擁有不害怕被討厭的覺悟**是很重要的。

雖然釘崎擁有不屈服於同調壓力的覺悟，但她並不孤獨。因為她身邊有虎杖悠仁、伏黑惠，和以她崇拜的禪院真希為首的學長姊。如果身邊有值得信賴的重要夥伴，也許就不會對同調壓力感到害怕了。

32

機械丸，

我想你也有很多辛苦的地方吧，

不過，

辛苦的人未必就是正確的啊！

（熊貓／第39話「京都姊妹校交流會─團體戰⑥─」）

這句話送給希望別人能懂自己痛苦的你

在交流會上，東京校的準二級咒術師熊貓與京都校的準一級咒術師究極機械丸展開戰鬥。

熊貓是由咒術高專的校長夜蛾正道製造出來的「突然變異咒骸」。雖然外表看起來是個普通熊貓，但不僅會說人類的語言，還具有極高的智力，是二年級之中最有常識且性格最穩重的。

另一方面，究極機械丸是與幸吉用術式「傀儡操術」操作的人型機器人。與幸吉天生就沒有右手和膝蓋以下的肉體，腰部以下沒有知覺，而且皮膚極度脆弱，照到月光就會灼傷，全身無時無刻承受著疼痛。

與幸吉坦白了自己對熊貓的厭惡。自己全身纏滿繃帶，只能躲在建築物的地下室，連想要見見京都校的夥伴都沒辦法，然而熊貓卻能悠悠哉哉地走在大太陽底下，這點令他難以忍受。一番激戰之後熊貓打倒了機械丸，熊貓表示：「我應該可以跟你互相理解吧！」並對他說了一番溫柔的話。左頁就是其中的一句。

身體上的殘缺會為人帶來諸多痛苦。包括重病造成的強烈疼痛，以及只能單方面接受別人照顧的不甘心。若是身邊沒有家人或朋友，想必還會感到相當孤獨吧！除了疾病或殘疾本身造成的身體壓力，有時候還要承受來自社會的雙重壓力。

與幸吉正是處在這種痛苦的狀況。無法隨心所欲地活動身體，受到疼痛折磨，還得一個人待在黑暗的地方生活，對身體健全，過著自由自在生活的人來說，這種痛苦應該是難以想像的吧！

但是，狀況再怎麼糟糕，對於被無端遷怒的人來說，只是在給人製造麻煩，再說，將演變成忌妒的不滿或怨恨發洩在別人身上，本來就不是「正確」的事。**再怎麼怨恨或討厭別人，自己也不會得到幸福。**

能拯救自己脫離苦海，或是把身邊的人從苦海中救出來的最佳藥方，就是**交流**。若是可以跟與自己患有相同疾病，或值得信賴的人自由談論身體、心靈的事或閒話家

常，就能夠脫離孤獨的深淵。

以與幸吉為例，他最重視的就是京都校的夥伴。居於領導地位的加茂憲紀給他的戰鬥建議、怪人東堂葵那難以理解的發言、三輪霞送的情人節義理巧克力（只是三顆乾電池）。這些微不足道的小事，都是與幸吉珍貴的回憶，也是他的心靈支柱。

藉由與溫柔的夥伴交流，與幸吉得到了救贖，他夢想著有一天能獲得健康的肉體，去見夥伴一面。從這件事中我們可以清楚知道，人與人的交流會成為支撐一個人活下去的力量。

陷入痛苦、糟糕的狀況時，更不能把怨恨發洩在別人身上，這一點非常重要。越是辛苦的時期，越要做一個懂得依賴別人、懂得珍惜人與人之間交流的人。

33

你知道跟他人扯上關係時，
最低限度的規矩是什麼嗎？
是「我不會殺你，
所以請你也不要殺我」。

（伏黑惠／第59話「起首雷同─伍─」）

這句話送給被別人找麻煩的你

交流會結束後，虎杖悠仁、伏黑惠、釘崎野薔薇以及輔助監督新田明，被派到埼玉縣埼玉市出任務。他們來到了咒靈連續刺殺事件的被害者過去所就讀的中學，沒想到，這裡竟然也是伏黑的母校。不僅如此，他們還得知伏黑讀中學時曾經把這一帶的不良少年和地痞流氓揍到滿地找牙。中學二年級的伏黑把自己打倒的不良少年堆成金字塔狀，並坐在上面對他們訓話，是個行徑誇張的少年。左頁就是當時他所說的話。

不光是咒術師的世界，在現實世界與他人相處也有**「最低限度的規矩」**。

其中一項就是**維護個人尊嚴**。所謂的「個人尊嚴」，就是把所有人都當成獨立個體來看待並互相尊重的原理，在日本國憲法中也有保障「個人尊嚴」的條文。第十一條規定：「國民享有的一切基本人權不能受到妨礙。」而第十三條也寫道：「全體國民都作為個人而受到尊重。」

在這個國家，每個人一出生就擁有人權，安穩生活的權利也受到保障。不僅嬰兒有人權，因為疾病而無法工作的

人也有接受生活保障的權利。

個人尊嚴得到保障，與維護他人的尊嚴大有關係。因為維護了他人的權利，我們才能主張自己的權利。

「不去侵犯他人的尊嚴」、「維護對方的權利，以保障自己的權利」正是現代社會中，與人相處時必須遵守的最低限度規矩。

伏黑曾向不良少年說明何謂與他人相處的「最低限度規矩」。「殺」這個字也可以替換為「找碴」、「說壞話」、「搶奪錢財」。簡單來說，伏黑想要表達的是**「不要去侵犯別人的尊嚴」**。

這些不良少年之前一直打破這條最低限度的規矩，脅迫別人、對人暴力相向、仗勢欺人，因此伏黑才會反過來把他們教訓一頓。其中一名不良少年還問：「我們對你做了什麼嗎？」看來他對於打破最低限度的規矩一事毫無自覺，甚至根本不知道有這個規矩存在。

看到乖學生們抱著破釜沉舟的決心要去向不良少年抗

議的那一幕時，有些人可能會想起吉野順平。

　　吉野和朋友們一起創立了電影研究社，然而社團教室卻遭到不良少年霸佔。他向對方抗議，卻換來一頓拳打腳踢，還被逼迫吃蟲子等等，遭受陰險又死纏爛打的暴力。不良少年們用暴力傷害了吉野的尊嚴。伏黑就讀同中學的乖學生們準備去抗議的場景，與吉野的故事互相呼應。

　　這並不代表，不維護個人尊嚴就可以對人暴力相向。若是不遵守最低限度的規矩，不講理又不平等的社會將會更加惡化，使更多的人受到傷害。

　　在現實生活中，不僅要謹守維護自己與他人尊嚴的界線，想必還需要彼此磨合。不能單方面地強迫對方接受自己的意見或想法，必須慎重地進行討論。

　　不要侵犯別人的尊嚴──這是在現代社會與人相處時絕對不能忘記的規矩，請大家銘記在心。

34

我只是

不停地對付逼著

我正視現實的**諸惡**……

不停地對付。

（七海建人／第99話「澀谷事變⑰」）

這句話送給想要與現實戰鬥的你

被派遣到澀谷事變現場的一級咒術師 —— 七海建人，發現了遇刺倒下的輔助監督伊地知潔高。除了伊地知以外，還有其他好幾名輔助監督遭到殺害。

七海想起自己咒術高專時期的搭檔灰原雄因為任務失敗而死的樣子，心中燃起熊熊怒火。左頁就是七海當時心中所想的話。同時他還小聲說了一句：「竟敢瞧不起我……」這句不符合他冷靜沉著形象的話，表現出他的憤怒非同小可。

七海所說的「諸惡」，指的是發動澀谷事變的真人、漏瑚等咒靈，以及偽夏油和重面春太等咒詛師。咒靈和咒詛師都是從人們的負面感情和惡意中誕生的。七海看起來就像是在試圖對抗造成人們犧牲的負面感情，和充滿惡意的現實本身戰鬥。

在這個世界上，存在著許多造成不講理或不平等情況的「諸惡」。貧富差距、霸凌、歧視、暴力、騷擾、在社群平台上被圍剿……這個世界處處充滿人的負面感情，惡意

滿盈。其中大概也有像重面一樣，笑著說：「很好、很好，我很開心！」帶著半開玩笑的心態散播惡意的人。

另一方面，應該也有人因為「諸惡」迫使自己面對不講理的現實，感到精神快要崩潰。

精神疲勞時需要充分休息。但是，若想要過上更好的人生，有時候我們必須得用盡全力、堅持不懈地對抗席捲而來的「諸惡」。

而其中一個打破現狀的方法，就是**學會「憤怒」的使用方法**。如同先前所說，雖然憤怒是一種負面感情，但不代表我們不能擁有它。憤怒可以孕育出巨大的能量，也會成為守護自己的力量。

假設你在學校或公司遭遇職權霸凌（地位高者利用自身的權力或立場找他人麻煩）好了。霸凌者似乎大多都會大聲斥責，並否定他人的人格。被害者要是一直默默承受這種霸凌，就會漸漸開始覺得「對方說的沒錯」，最終精神崩潰。

　　遇到霸凌時，我們必須要為了保護自己而憤怒。但我並不是要各位大聲吼回去，憤怒的能量是要用來迅速留下霸凌的記錄，與公司內外的相關窗口進行諮詢，或是舉發霸凌者。

　　七海曾說：「對自己的無能為力感到憤怒，這種事我至今為止從未遇過，在我往後的人生中也不可能出現。」即使自己沒有犯下任何過錯，「諸惡」還是會將不講理的現實擺到自己眼前。而七海發誓要向它抗戰到底。

　　有時，我們即使沒有做錯事，也會面臨不講理的現實。

　　懷著怒氣去對付席捲而來的「諸惡」，不僅能守護自己，最終還會形成一股改變整體社會的力量。

　　即使身處嚴峻又不講理的現實中，我們也不能輕言放棄，為了讓世界變得更好而不斷奮戰。我認為這就是《咒術迴戰》想傳達的一大主旨。

第 5 章

展開

珍惜自己，
全力以赴地生活

35

還真是自我中心啊！

不過，這是**自我肯定**嗎？

要活下去的話，

沒有比這更重要的事了吧！

（夏油傑／《咒術迴戰　東京都立咒術高等專門學校》

最終話「耀眼的黑暗」）

這句話送給想擁有自信的你

　　人稱極惡咒詛師的夏油傑意圖殺光非術師，建立一個只有咒術師的樂園，並且正在著手實行。夏油將目標鎖定於特級被咒者乙骨憂太，欲奪取附在乙骨身上的特級過咒怨靈祈本里香的強大力量。潛入咒術高專的夏油與乙骨展開戰鬥。然而剛入學時實力還很弱的乙骨，這時卻展現出不亞於夏油的咒力與戰鬥能力。因為乙骨在禪院真希、狗卷棘、熊貓這些同學的支持之下，獲得了大幅的成長。夏油在吃了乙骨使出渾身解數的一擊之後，便說了左頁這段話。

　　在我們的人生中，有一件事非常重要，那就是**「自我肯定」**。所謂的自我肯定，就是「我做得到」、「我有活下去的價值」、「我是被需要的」等等肯定自己的價值與存在意義，能夠尊重自我的感覺。若是自我肯定感提升，就會變得喜歡自己，能充滿幹勁地不斷努力，日子也會過得開心。

159

自我肯定感低的人，容易產生「不喜歡自己」、「我這種人就是沒用」、「我沒辦法」、「我沒有活下去的價值」、「活著也不能怎麼樣，好想死」之類的感覺。一路走來，自己的存在不斷遭到否定、總是與別人比較、遭遇過難以重新振作的重大失敗、太過在意他人評價的人，通常會有自我肯定感低的傾向。

　　提高自我肯定的方法有很多種，其中之一就是**「接受有缺點的自己」**。因此我們可以將自己的**長處**和**短處**列出來寫在紙上，客觀地審視。

　　發現自己的缺點免不了會讓人產生消極的情緒。雖說如此，但幾乎每個人都有缺點。

　　自我肯定高的人**會同時理解自己的長處與短處，並接受這個優缺兼具造就而成的自己**。並不是「改掉缺點＝提高自我肯定感並喜歡上自己」。即使發現自己的缺點，也不要過度厭惡或試圖隱藏它，請承認「這也是自己的一部分」（但會使人際關係惡化的缺點就必須要改）。

　　另外，跟可以讓自己感受到「我能派上用場」、「受到信賴」的「夥伴」建立關係也是很重要的。實際感受到自

己被接受、被認可，也能逐步提高自我肯定感。

乙骨剛來到咒術高專的時候，處於自我肯定感極低的狀態。甚至曾想要一個人尋死。

五條悟將這樣的乙骨帶進了咒術高專，而真希、狗卷、熊貓這些同學則透過斥責與鼓勵的方式支持著他。這些同學們是讓乙骨覺得「自己可以活下去」的恩人，同時也是好友。

乙骨在咒術高專實際感受到自己被身邊的人接納，於是找到了自己的存在意義。他發現自己的弱點之後接受了它，並努力地想辦法克服。再加上，與同學們互相幫助的過程中，他體會到了「自己對別人有用」的感覺，逐漸建立起信賴關係。乙骨經歷了這一切，才終於認為自己「可以活下去」。

自我肯定的力量，就是活下去的力量。看到過去的乙骨就能明白，它深深影響到活下去的自信。我們所生活的世界既殘酷又嚴峻，所以至少要懂得珍惜並尊重自己。

36

當然賭啊！
這是為了**讓我能繼續是我**。

（釘崎野薔薇／第5話「開始」）

這句話送給覺得身處的環境令人窒息的你

　　咒術高專一年級的釘崎野薔薇雖然嘴上不饒人，態度高傲，但無疑是一名兼具溫柔與責任感的堅強女性。與同學虎杖悠仁、伏黑惠相比，她不僅絲毫不遜色，甚至可以說是比他們還要有個性。

　　「討厭鄉下，想要住東京」，這就是她來到咒術高專，冒著生命危險也想成為咒術師的理由。虎杖對此感到震驚不已，問她：「妳就為了這種理由賭上性命？」而釘崎便瀟灑地回答了左頁這段話。

　　成長地區、家庭、學校、社團、公司等，我想應該有不少人覺得自己難以適應現在所處的環境，身在其中感到喘不過氣。原因有百百種，可能是沒辦法做自己想做的事、規定太嚴格或無法融入大家等等。若是待在這個地方，沒辦法精神奕奕地生活或開心度日，即便食衣住都獲得滿足，肯定還是會非常痛苦。

　　就如同「有志者事竟成」、「久居則安」這些俗諺，也有人認為就算再怎麼辛苦，只要撐過去就能發光發熱，或是習慣成自然。但要是精神頹喪，再怎麼努力修練也無法

真正掌握技巧；就算習慣成自然，生活也稱不上是幸福。

　　要是處在自己不適應的環境，**覺得自己過得無精打采，快要失去自己的樣子，那就應該毫不猶豫地離開那裡**。即使沒辦法馬上離開，也要下定「離開」的決心，尋求周遭人們的幫助。就像釘崎所做的那樣，如此一來應該就能開闢出一條活路。

　　所謂自己的樣子，可以說是把一個人喜歡的事、擅長的事以及重視的價值觀等元素揉合在一起所形成。如果不得不放棄自己喜歡的事情，沒辦法好好發揮所長，或處在必須得扭曲自己價值觀的環境，就無法展現自己的真貌。長期待在這種地方，最終就會失去自己的樣子。

　　以前住在「爛鄉下」的釘崎非常厭惡排外（無法接受不同價值觀）的村子。釘崎曾和一名從村外搬來的大姊姊非常要好，但因為充滿忌妒、偏見和被害妄想的村民一直找她們家的碴，最後她們被迫離開。從此之後，釘崎便產生了要離開村子到都市生活的強烈念頭。

　　「如果繼續待在那個村子，我就跟死了沒兩樣。」

對她來說，離開村子到都市生活，是為了「讓自己能繼續成為自己」而必須要做的事。畢竟原本是「跟死了沒兩樣」，如果能夠活得神采奕奕，她當然連命都願意賭上。

沒有必要對改變環境感到羞恥或抱歉。愛護自己比什麼都重要。請大家好好珍惜能夠「讓我能繼續是我」的環境。要是找到了一個能展現自己樣子的地方，你應該會變得比現在更加喜歡自己。

37

我覺得你的想法是對的，
但我也不覺得自己是錯的。

（虎杖悠仁／第9話「咒胎戴天─肆─」）

這句話送給想好好表達意見的你

虎杖悠仁、伏黑惠、釘崎野薔薇三人被派往出現特級咒靈之咒胎的少年感化院，然而虎杖想要救助所有人，伏黑只想救值得救的人，兩人的意見產生了對立。

在戰鬥中，虎杖讓伏黑和釘崎先逃走，接著把自己的身體主導權讓給兩面宿儺，才打敗了特級咒靈。但是後來虎杖換不回主導權，取而代之的兩面宿儺開始大肆作亂，不僅挖出虎杖的心臟，還將伏黑逼到絕境。

在伏黑準備使出最後手段的前一刻，他發現虎杖取回了身體的主導權。伏黑對身為宿儺容器，並且正試圖自我了斷的虎杖說，自己當初救他是因為「自己任性的感情」，而且「從未因為救了他而後悔過」，虎杖聽完之後臉上浮現了微笑。左頁就是當時虎杖所說的話。

有些人在與人聊天、討論事情時，或者是使用社群平台時，總會想要強迫別人接受自己的意見或想法。

他們會用強硬的言論去批評跟自己持不同意見的人，或試圖「辯贏」對方。抑或是為了逼迫大家接受自己的意見，而無視別人的意見。因為他們並不想要討論，只想要使對方屈服或掌控對方。

要是演變成這樣，就會無法與身邊的人建立長期的良好關係。最後有可能與人發生摩擦，陷入被孤立的險境。

雖說如此，當別人提出了與自己不同的意見時，就不好意思表達自己的意見；或為了場面和諧而順著大家的意思，壓抑自己心中的想法，如此又矯枉過正了。應該有不少人曾經歷過這樣的事，因而感到心情煩悶吧！

重點在於，不要強迫別人接受自己的意見或想法，也不要對別人的意見或想法照單全收。**要擁有自己的意見，同時也尊重別人的意見。**

為此，我們需要**仔細的溝通**。

不打斷對方、用心聽到最後，試著接受對方的意見，像這樣展現出自己有好好聽對方說話的態度，也是非常重要的。

有了這層基礎後，再把自己的主張仔細地說給對方聽。表達時要明確說出主詞，告訴對方「我」是怎麼想的，並且不要情緒化，也不要使用抽象的言詞，要具體傳達出自己的期望。

　　像這樣用心溝通的話,就能更容易讓對方了解自己的意見,也可以一起討論,找出彼此都能接受的意見。換句話說,尊重對方,關係著自己的意見是否能受到重視。

　　虎杖與伏黑對於「助人」的想法,如平行線般毫無交集。不過,從虎杖所說的話和伏黑的反應可以看出,他們都尊重彼此的想法,決不會把自己的意見強加於對方身上,逼迫對方服從。

　　這就是為什麼他們才能夠認可彼此間的不同,建立起良好的夥伴關係吧!

38

那樣下去的話，

我會討厭自己的，

就是這樣而已。

（禪院真希／第42話「京都姊妹校交流會—團體戰⑨—」）

這句話送給想要喜歡上自己的你

在京都姊妹校交流會上，禪院真希與就讀京都校的雙胞胎妹妹禪院真依交手。

禪院這個家族秉持著「非咒術師者非人也」的價值觀，沒有繼承到禪院家代代相傳的術式，就會被視為「落伍者」（落魄之人）。

連咒力都沒有的真希因為受不了一直被當成打雜的，於是憤而離家，進入咒術高專就讀。為的就是成為咒術師，給那些看不起自己的人一點顏色瞧瞧。另一方面，被留在家裡的真依其實不想當咒術師，卻因為真希離家出走，不得不連她的份一起努力。曾經約好兩人要一直在一起的真希拋下自己離家出走，也讓她受到了打擊。

最後，成功激發自己才能的真希取得勝利。分出勝負之後，真依對真希吐露了自己真正的想法：「為什麼不跟我一起沉淪呢？」而真希回答她的，就是左頁那段話。

無法喜歡上自己，甚至討厭自己的人應該不在少數吧！其中大概也有些人甚至不只是在失敗的時候陷入自我厭惡，而是一直持續著自我厭惡的狀態。因為沒自信而自覺

低人一等，因為理想與現實的差距而受盡折磨，或是責備自己「為什麼會這樣……」而心情低落。諸如此類的自我厭惡狀態要是一直持續下去，可能會開始討厭身邊的人，或變得不想與人接觸。換句話說，就是人生會變得很痛苦。

使人陷入自我厭惡的原因百百種，理想太過遙遠、過度在乎別人的評價、不服輸等等都有可能。其他還有小時候持續遭受父母的否定，或為了回應某人的期待而努力，卻沒有得到認可，這些情況都可能成為自我厭惡的要因。因為我們會陷入「為什麼我這麼努力卻還是不被認可……」的泥沼中難以自拔。

還待在禪院家時的真希，肯定也非常厭惡自己吧！

那麼，要怎麼做才能脫離自我厭惡的泥沼呢？提示就在真希的行動之中。

首先要**改變環境**。逃離那個始終不肯認可自己、看不起自己、壓抑自己的地方。再來是，**承認自己的弱點並加倍努力地鍛鍊**。藉由鍛鍊體術來彌補自己「沒有咒

力」的弱點。然後，**找到願意接受自己的人**。真希因為
乙骨憂太那一句「想要成為像真希一樣的人」而熱淚盈
眶；聽到釘崎野薔薇等人說要為自己而戰，不禁露出笑
容。真希正是**在依照自己的意思行動，並「為了自己」
而努力之後，才喜歡上自己的**。

　　要是屈就於會使自己陷入自我厭惡的環境，就無法克服
自我厭惡。要去改變環境、接受自己、不斷努力，然後找
到願意接受自己的人。也許沒辦法每一項都達成，但只要
依照自己的意志實行其中一項，應該就能踏出克服自我厭
惡的第一步。

39

無論我是對是錯，都無所謂。
我只是
相信**自己的良心**。
遵從自己的良心去幫助別人。

（伏黑惠／第44話「京都姊妹校交流會—團體戰⑪—」）

這句話送給優柔寡斷的你

伏黑惠在交流會上與京都校的加茂憲紀交戰。加茂確信伏黑以後將會成為御三家的支柱，並對他產生了共鳴，然而伏黑卻對他的態度感到不解。

加茂告訴伏黑自己打算殺了虎杖悠仁，並說這不是京都校校長樂嚴寺嘉伸的指示，從頭到尾都是自己的判斷，作為加茂家嫡長子，他認為這是一個「正確的判斷」，因此希望伏黑能理解。

然而，伏黑以「我不覺得自己是『對』的」這句話拒絕了他。左頁的這段話，展現出了伏黑堅定的信念。

每個人應該都會有對自己的判斷沒把握，而仰賴別人判斷的時候。「國家高層都這麼說了，應該是正確的吧！」「有相關知識和經驗的人都這麼說了，應該是正確的吧！」「大家都這麼說，應該是正確的吧！」很多時候，我們會不經意地對「位高權重」、「有地位者」或「多數派」等有力人士的發言照單全收。對自己所認為的正確沒有信心的時候，就很容易如此。

當然，法律和既定的規則是必須要遵守的，但將事情交

由他人判斷並不是一件好事。**因為每一個判斷，都關乎自己的人生**。將自己的人生交由他人判斷而過得不幸，那個人（那些人）也無法為你負責。

說得極端一點，如果你所屬團體的高層命令你「去殺了那個人」，你會覺得那是「正確的」並照做嗎？而如今的加茂大概就是陷入了這種狀態。

要能夠靠自己判斷事物，有一種方法就是像伏黑一樣，**不管別人認為是對是錯，只遵從自己的「信念」（自己認為正確的想法）來判斷**。

別人所認為的正確，對自己來說未必正確。正確這件事，會隨著國家、地區、文化、時代而改變。例如在戰亂時代，人們會認為殺人是正確的。現在你認為正確的判斷，也有可能在未來某天讓你陷入不幸。

另一方面，信念是自己的心聲。遵從信念做判斷，行動時就不會有所動搖，因此不僅能當機立斷，人生也會較有一貫性。因為不會受到他人擺弄，還能活得更輕鬆。

加茂是以自己所屬的組織，也就是加茂家的想法作為判斷的依據。將宿儺的容器虎杖放著不管會非常危險，所以應該殺掉他，身為菁英咒術師御三家的一份子，他認為這個判斷是「正確的」。而加茂也斷言這是他「個人的判斷」，可說是已經將組織的判斷和自己的判斷混為一談。

另一方面，對伏黑來說，別人的判斷跟自己毫無關係。無論是多大型的組織說這件事是正確的，或是多有傳統的組織說這是正確的，都與自己無關。伏黑的意思是，他只相信自己的信念，也就是良心，並依循自己的判斷去幫助人。即使身邊所有的人都決定要殺掉虎杖，伏黑大概也會自己一個人去想辦法保護虎杖吧！

最重要的是，要傾聽並遵從自己的心聲。請大家試著相信自己的心聲去行動吧。

40

就算他年紀比較大，
但囂張的人就是囂張，
對方瞧不起我，
而我也感覺到自己被瞧不起，
這個瞬間，
開賽的鐘聲就響了。

（東堂葵／第50話「預感」）

這句話送給想要變堅定的你

就讀咒術高專京都校三年級的一級咒術師東堂葵，雖然被京都校的夥伴們討厭，卻與虎杖悠仁非常合拍。一開始虎杖雖然覺得他很怪，但東堂在指導他咒力操作和戰鬥心理建設的過程中，逐漸取得了他的信任。最終虎杖也開始稱他為「Best friend」。

東堂不像伏黑惠和禪院真希一樣出生於咒術師家庭，是在非常普通的家庭中長大的。他從小就擁有驚人的力量，小學三年級時就曾經和高中生打架，還把對方打得滿地找牙。因為太強而每天閒得發慌的他，在遇到特級咒術師九十九由基後，為了擺脫無聊的日子，而走上了咒術師的道路。左頁這段話正表現出了東堂小學三年級時的心情。

應該有不少人都想要克服自己畏縮的性格吧！也有人總是無法大大方方地行動、無法好好說出該說的話。

只要對方比自己年長、看起來氣勢很強、身材高大或嗓門大，就會因為緊張而無法好好表達自己的意見。就算對方傷害了自己，也不敢出聲反抗。每天承受著痛苦，內心充滿壓力，這樣的人應該很多吧！

那些愛逞威風的人，都很擅長看出誰的個性畏縮，這個規則可以套用在所有的霸凌加害者身上。他們最常用的手段，就是故意擺出強硬的態度使對方膽怯，進而讓對方無法反抗自己。個性畏縮的人若與這種人長期相處，心靈就會慢慢被侵蝕。

有些人說畏縮也是溫柔的證明，所以不用改沒關係，但是這種個性可能會害你在人生中吃虧，要多加留意才行。

克服畏縮個性的其中一個方法，就是**擺出抬頭挺胸的態度**。

這裡說的抬頭挺胸，絕對不是指舉止傲慢。請理解為沉著冷靜，不管誰對你說了什麼都堅定不移的態度。也有人說，人不是因為有自信才能展現抬頭挺胸的態度，而是抬頭挺胸，隨後就會自然湧現自信。

看著對方的眼睛清楚大聲的說話、維持良好姿勢、動作不疾不徐、傾聽對方多過自己說話、不使用「大概」等等模糊不清的詞語等等，做到這幾點就可以給人抬頭挺胸的印象。

如果對方用失禮的態度對待自己，不要受制於他的年齡或地位，冷靜地指出問題也是一種方法。把「不爽」的感覺和原因說給對方聽。為了防止遭受他人無禮對待，平常就要展現出自己的態度，這也是很重要的一點。

雖說如此，也不能效仿一級咒術師東堂的言行舉止。他的言行舉止不僅過於粗暴，對個性畏縮的人來說模仿難度也過高，不過堅韌的氣魄這點倒是值得參考。

為了守護自己的心靈，個性畏縮的人請試著想像自己心中住著「小學三年級的東堂」的感覺，去面對生活吧！

41

要是無法貫徹自己的想法，

那當然無法接受吧？

弱小的咒術師沒有能力

堅持自己的想法。

我也會變強，

很快就會追過你。

（伏黑惠／第53話「目標達成」）

這句話送給想擁有能堅持到底的強大的你

　　正當交流會來到最高潮的時候，特級咒靈・花御等向咒術高專發動了襲擊。伏黑惠、加茂憲紀、狗卷棘、禪院真希等人雖上前迎戰，但最後都負傷離開戰線。虎杖悠仁和東堂葵也利用合作戰術，與花御展開一場激戰，不過最後還是由咒力遠高於其他人的五條悟，在這場戰鬥中分出了勝負。

　　襲擊者撤退後，虎杖與釘崎野薔薇前去探望受傷的伏黑，度過了短暫的和平時光。伏黑承認虎杖變強了，並開始思考兩人想法的差異與強度之間的關聯。

　　虎杖與伏黑各自擁有不同的信念。虎杖想要沒有區別地幫助更多的人，而伏黑則是聽從自己的良心，只幫助自己想幫助的人。這兩種想法或許都是對的，也或許都是錯的，並沒有正確答案。於是伏黑說，就只剩下自己能不能接受而已。左頁這段話正表明了伏黑的決心。

　　我們很難知道自己的想法是否正確。對自己來說正確的事情，在別人眼裡也許並非如此。與其看別人的臉色壓抑自己，還不如努力**「貫徹自己的想法」**。

這裡所說的「貫徹自己的想法」，並不是任意妄為或愛怎樣就怎樣的意思。而是**堅持自己認為正確的事，直到自己接受為止**。為此就需要變得更強大。

所謂的強大，當然不是指力氣上的強大，而是能夠在相應的領域得到認可的**實力**，以及能夠不屈不撓堅持到最後的**堅強意志**。或許也可以說成，能夠堅持不懈、不斷努力的力量。

根據暢銷書《恆毅力：人生成功的究極能力》（天下出版）的作者 —— 心理學家安琪拉・達克沃斯所說，要培養恆毅力，**興趣、練習、目的、希望這四個步驟非常重要**。對自己正在做的事情感興趣會催生出熱情，為了比昨天更加進步，堅持不懈地持續練習之後，便能達成設定好的目的。而希望在每一個層面都相當重要。要是心中沒有希望，遭遇挫折時就會無法再度站起來。

　　虎杖和伏黑對咒術師的工作都抱有興趣和熱情，並且為了變強不斷努力練習，試圖達成目的。雖然咒術師是一份殘酷的工作，每天都與不講理的死亡為鄰，但是夥伴之間彼此刺激、互相扶持的情誼，似乎讓他們心中始終懷抱著希望。伏黑受到虎杖的刺激，而下定決心要變得更強，釘崎也受到了啟發，這些事情都能讓我們了解到這一點。

　　變強的虎杖，應該能夠貫徹「助人」的想法，直到自己接受為止吧！而伏黑應該是察覺到自己還沒有強到能夠堅持「遵從良心去幫助人」的想法到最後，所以才會說出「我也會變強」的宣言。

　　為了在這個不講理又不平等的世界生存下去，我們必須要擁有能夠貫徹自己的想法到最後的力量。因此，我們並不是要變得任性妄為，而是要像虎杖與伏黑那樣，尊重對方的意見，並珍惜這種彼此競爭、互相扶持的關係。

42

我最喜歡打扮得
漂亮又時尚的自己！
我最喜歡**努力保持強悍的自己！**
我是「釘崎野薔薇」啊!!

（釘崎野薔薇／第41話「京都姊妹校交流會─團體戰⑧─」）

這句話送給想超越性別框架，活出「自我」的你

釘崎野薔薇和京都校的西宮桃在交流會上交戰，在戰鬥中，兩人各持己見，針鋒相對。西宮用禪院真依的例子說明，在食古不化又不講理的咒術師名門家族中，女性的境遇多麼艱辛。

而釘崎正面回擊：「男人該怎樣，女人該怎樣，到底關我什麼事情啊！你們愛怎麼做就怎麼做！」接下來就是左頁這段話。

看見釘崎的樣子，應該有很多人會開始思考，要怎麼樣才能活得如此瀟灑呢？

在日本，人們把謙遜視為一種美德。大大方方地說出「我喜歡自己」，會給人狂妄自大的觀感；會謙虛地說「我算不上什麼」的人反而較受歡迎。

再者，雖然已經沒有過去那麼嚴重，但社會上依然存在著「男人要有男人的樣子，女人要有女人的樣子」這種觀念。關於男女性別角色的刻板印象稱為「性別偏見」，若是處於具有這種強烈偏見（錯誤認知）的環境，會有許多人無法喜歡上真正的自己，沒有自信，為了自己的身分認同（擁有自我的獨特性，認為自己是自己的意識）而苦

惱。也許釘崎出生長大的村子，還根深蒂固地保有這些文化或觀念。

不過，價值觀是會不斷改變的。比如現在時代潮流已逐漸演變成，無論別人怎麼看待自己的外在，都**能斷言「我喜歡自己」的人才是正面積極又瀟灑的**。欣賞自己體型的「身體自愛」概念也是其中一個例子。

雖說如此，能夠自信地說出「好喜歡」自己的人應該還是少數。也有些人可以滔滔不絕地說出討厭自己哪些地方，卻說不太出喜歡自己哪一點。

在這樣的社會中，要如何超越性別框架，喜歡上作為一個人的自己呢？在第159頁曾介紹過藉由提高自我肯定感來喜歡上自己的方法。而這裡要介紹的則是像釘崎與禪院真希一樣，喜歡上**「為了追求理想而努力的自己」**的生活方式。

受到釘崎崇拜的真希，是一名從小遭受欺凌，後來離家開闢自己的道路，嘴上不饒人但是對夥伴和學弟妹都很溫

柔的女性。

釘崎自己也是成長於一個思想封閉的村子，一路走來看遍人性的醜惡。於是為了保有自我，她離開了村子，來到咒術高專就讀。所以釘崎看著真希，就像看到另一個自己。

釘崎認為拋開性別框架，珍視自己本來的樣貌並貫徹自己的信念比什麼都重要。這也反映在釘崎自己和真希的生活方式上。她們並沒有對自己身為女性一事感到遺憾。

身為女性不代表不幸，她喜歡打扮得漂亮又時尚的自己；身為女性不代表就很柔弱，她喜歡保持強悍的自己。因為她認為這就是自己。

與成長環境和性別無關，釘崎和真希兩人都**很喜歡為了保持強悍而努力的自己**，總是在腦中描繪並持續追求理想中的自己。釘崎之所以能夠立刻說出喜歡自己哪一點，應該是因為她在努力的過程中，一直有在好好觀察自己吧！

喜歡上自己，就會更加重視自己，並產生活下去的力量。也許沒辦法馬上變得跟釘崎和真希一樣，但即使只有一點也好，建議大家努力看看。

43

為了肯定自己，
我扭曲了平常的自己。
在那一刻，我就已經輸了。

（伏黑甚爾／第75話「懷玉—拾壹—」）

這句話送給想要活得沒有遺憾的你

當年還是咒術高專二年級生的五條悟與夏油傑，被派去擔任星漿體——天內理子的護衛。而別名「術師殺手」的伏黑甚爾（伏黑惠的親生父親）則接到了暗殺天內的委託。甚爾沒有咒力，但是擁有「天與咒縛：肉體天賦」，因此身體能力超凡。他雖然藉由承接暗殺術師的工作賺得大筆金錢，但總是馬上拿去賭博，輸光財產，過著頹廢的日子。

甚爾藉著偷襲打倒五條，接著又擊敗了夏油，成功殺死天內。後來，他與透過反轉術式復甦的五條再度交戰，但此時的五條已經覺醒為現代最強術師，最後他被五條的無下限咒術 —— 虛式「茈」擊中，就此殞命。甚爾臨死之前，心中便浮現了左頁這段話。

嘗試跟「平常的自己」不一樣的事，並不是一件壞事。找到想嘗試的事情，並依照自己的意願去挑戰全新領域是非常值得讚賞的。就算挑戰最後以失敗告終，當時獲得的經驗也會成為往後人生的養分。

當工作、讀書或日常生活遭遇瓶頸時，嘗試看看跟以往

流程不同的做法應該也很有效。有時候，在半夜念書總是無法取得進展，把時間改到早上便會順利許多。

不過，有一點必須要注意。對於升學、就職、轉職、結婚等**人生大事，可不能只聽從父母、老師或熟人等其他人的指示，明明不能接受還扭曲自我**。要是未來因此過得不順利，只會徒留後悔。

另外，由於日本社會非常要求合群，有時候大環境會「因為大家都這樣」而期望你扭曲自我。但是心裡無法接受卻扭曲自我，可能會導致令你後悔的結果。

在平常的工作上或生活上，要是只在乎別人的建議，就會逐漸聽不見必須重視、屬於自己的聲音。在運動界也是如此，有的選手會因為太過注重教練的建議，而忘記了自己原本的強項。雖然用心聆聽別人給的忠告以及坦率接受的態度也是必要的，但也必須重視「自己想成為什麼樣子」、「自己想做什麼」等**自己的核心想法**。在這件事情上，我們得去篩選別人給的建議。

在與五條展開激戰的過程中,甚爾有察覺到些微的不對勁,但是他覺得「這樣就好」而選擇繼續戰鬥,最後落敗。平常的他應該會說「沒錢拿的工作我可不幹」然後一走了之,但甚爾否定身為咒術界的頂點 —— 五條悟,當時的他太想要藉由五條打倒來肯定自己。捨棄了「平常的自己」,正是甚爾的敗因。

雖然我們不用像甚爾那般賭上生死一決勝負,但是在決定重要的事情時,一樣不應該輕易地「扭曲平常的自己」。自己真的想這麼做嗎?自己真的能接受嗎?請好好傾聽自己的心聲。

44

放心啦，
我是最強的。

（五條悟／第2話「祕密死刑」）

這句話送給想變得有能力面對逆境的你

　　五條悟在咒術高專擔任虎杖悠仁等一年級生的導師，同時也是現代公認最強的特級咒術師。由於其戰鬥能力在各方面都非常突出，僅憑一己之力便維持著咒術界的力量平衡。要是五條消失，咒術界和人類社會都會發生天翻地覆的變化，毫無疑問是「最強」的存在，然而他卻總是一臉悠哉、以不正經的態度示人。他得知虎杖成為宿儺容器的時候，也只是稍微停頓了一下，絲毫不受動搖。

　　他知道虎杖可以和兩面宿儺交換主導權後，便要虎杖交換十秒再換回來。虎杖臉上閃過一絲不安的表情，於是五條便對他說了左頁這句話。

　　我們沒有如五條般超凡的能力。我們也沒辦法在這個既嚴峻又不平等，滿溢著人類負面感情的現實社會中悠然自在地過日子。總是拚命地、掙扎地承受著毫無道理降臨在眼前的各種苦難，想辦法生存下去。就像是強忍著厭惡與恐懼，每天面對詛咒的咒術師一樣。《咒術迴戰》的讀者也許都會對那些在絕望的世界中，持續奮戰的角色深感共鳴，看到他們就像看到自己。

在《咒術迴戰》世界中，有五條這個可靠的人存在（雖然很亂來），但現實世界可沒有五條悟。

那麼，當我們陷入危機，身邊又沒有人能依靠時，該怎麼辦呢？

有一個幫助我們擺脫危機的方法，那就是**說出積極的話語**。

舉例來說，說出「我做得到」這句積極的話語，事情實現的可能性就會一下子提高許多。這在心理學上稱為**「宣言效應」**。

在腦科學和認知科學的領域中，將話語對思考與行動造成影響的效果稱為**「促發效應」**。

而在自我啟發的領域，也有一種藉由對自己說能提高自我肯定感的話語，將人生導向良好方向的方法，稱為**「自我肯定」**。

日本自古以來也很重視**「言靈」**的概念，認為說出口的話會對現實帶來某些影響。

從以上這些例子我們可以了解到，遇到危機的時候，最好多說一點正面的話。

其實，身為現代最強咒術師的五條悟，也會有不如意的時候。每當遇到這種情況，他都會說一些正面的話。

五條在模擬自己跟取回所有力量的兩面宿儺戰鬥時，像是鼓舞自己般說了一句**「我會贏」**；遭到伏黑甚爾偷襲時，他也說**「我沒事」**，保持著強硬的態度；在澀谷事變被特級咒物獄門疆封印的時候，他說**「總會有辦法的」**以及**「我很期待你們啊，各位」**，把希望託付給年輕的後進。

不管面對多麼絕望的狀況，他都不會說「沒救了」。

當你遇到痛苦的事情時，就回想五條所說的話，並試著說出來看看，肯定會湧現比平常更多的力量。

這個不講理又不平等的世界是非常艱辛且嚴峻的。讓我們一起從《咒術迴戰》的登場角色們所說的話中汲取力量，貫徹自我地活下去吧！

作者簡介

大山KUMAO

一九七二年生於日本愛知縣。撰稿人、編輯。為電影、動畫、音樂、職業棒球等領域進行取材、撰稿、企劃立案、編輯，同時以「名言獵人」的身分進行活動。著有《名言力——人生を変えるためのすごい言葉》、《名言のクスリ箱——心が折れそうなときに力をくれる言葉200》（以上皆為SB Creative出版）、《平成の名言200——勇気がもらえるあの人の言葉》（寶島社）、《野原ひろしの名言——「クレヨンしんちゃん」に学ぶ幸せの作り方》（雙葉社）、《「がんばれ！」でがんばれない人のための"意外"な名言集》（WANI BOOKS）等書。

咒術迴戰
名言術式，讓自己變強大吧！

出　　　　版／楓書坊文化出版社
地　　　　址／新北市板橋區信義路163巷3號10樓
郵 政 劃 撥／19907596　楓書坊文化出版社
網　　　　址／www.maplebook.com.tw
電　　　　話／02-2957-6096
傳　　　　真／02-2957-6435
作　　　　者／大山KUMAO
翻　　　　譯／王綺
責 任 編 輯／周佳薇
港 澳 經 銷／泛華發行代理有限公司
定　　　　價／360元
出 版 日 期／2023年11月

國家圖書館出版品預行編目資料

咒術迴戰：名言術式,讓自己變強大吧！／大
山KUMAO作；王綺譯. -- 初版. -- 新北市：
楓書坊文化出版社, 2023.11　　面；　公分

ISBN 978-986-377-911-7（平裝）

1. 漫畫 2. 格言

192.8　　　　　　　　　　　　112016705